DIE GROSSEN STUNDEN
DER CHRISTENHEIT

Der Heilige Augustinus

Gottsucher, Bischof und Freund des klösterlichen Lebens

Verlag
Univers Media
51, rue Vivienne
F - 75002 Paris
Tél: (1) 236 56 53

Redaktionskomitee
René Berthier
Text: Pierre Dhombre
Wiederlesen: Pater A. Solignac
Zeichnungen: Jean Retailleau
Entwurf: Eric Calo

ISBN 2-85974-130-5
ISSN 0241-1288
D.L. Décembre 1983
Imprimé en Italie
F.lli Pagano S.p.A.
Campomorone-GE

ES IST DER JANUAR DES JAHRES 391, IN DER BISCHOFSKIRCHE ZU HIPPO IN NORDAFRIKA.
ICH BIN ALT, UND ICH BEHERRSCHE EURE SPRACHE NICHT BESONDERS GUT. UNSERE GEMEINDE HÄTTE EINEN JUNGEN PRIESTER NÖTIG!
AUGUSTINUS SOLL PRIESTER WERDEN!
AUGUSTINUS!
AUGUSTINUS!
AUGUSTINUS SOLL PRIESTER WERDEN!
ABER ICH WILL NICHT! ICH HABE KEINEN EHRGEIZ IN DER RICHTUNG.

WIR BRAUCHEN DICH.
DU KANNST DAS NICHT ABLEHNEN.
DAZU KOMMT, DAß DU VERSTEHST, MIT UNS ZU REDEN.
SO KOMMT ES SCHLIESSLICH, DASS AUGUSTINUS IM ALTER VON 36 JAHREN PRIESTER WIRD.
ABER ICH BIN EIN KONTEMPLATIVER MENSCH, BIN EIN INTELLEKTUELLER! ICH BRAUCHE DIE RUHE, DAS GEBET!
DER GARTEN UND DIESES HAUS LIEGEN SEHR RUHIG. SIE KÖNNTEN SICH DA GUT EINRICHTEN.
WIEDER DAHEIM IN THAGASTE, SEINEM GEBURTSORT.
MEINE FREUNDE, WIR WERDEN EINE ANDERE GEMEINSCHAFT GRÜNDEN UND WAR IN HIPPO.
FÜNF JAHRE SPÄTER, ER IST ZUM BISCHOF ERNANNT.
AUF SIE WARTET EINE UNGEHEURE ARBEIT.
ICH WEISS.

IN DER DAMALIGEN ZEIT IST DIE AUFGABE EINES BISCHOFS SEHR SCHWER: ER IST AUSSERDEM RICHTER, VERTEIDIGER DER SCHWÄCHEREN, SCHLICHTER IN STREITEREIEN.
ICH WERDE DIE TAUFBEWERBER SELBST UNTERRICHTEN.
ER HAT DEN GRENZSTEIN BEI MEINEM ACKER VERRÜCKT
HÖR' NICHT AUF IHN, AUGUSTINUS, ER LÜGT!
WARUM DIESE SORGFÄLTIG AUSGESUCHTEN FOLTERQUALEN?
ABER DAS GESCHIEHT DOCH, DAMIT ER DIE WAHRHEIT GESTEHT!
HILF MIR, EINEN GUTEN MANN FÜR MEINE TOCHTER ZU FINDEN.
DU WIRST DIE GEMEINSCHAFT DER DIENERINNEN GOTTES HIER AN DIESEM ORT ERRICHTEN. SIE WERDEN IHR LEBEN DEM GEBET UND DER MEDITATION DER HEILIGEN SCHRIFT WIDMEN.
DIE DIENER GOTTES MÜSSEN ALLES IN DEN GEMEINSAMEN BESITZ ÜBERFÜHREN, MÜSSEN ENTHALTSAM UND KEUSCH LEBEN.

ER IST AUSSERDEM EIN GROSSER SCHRIFTSTELLER.
ICH BIN INZWISCHEN 43 JAHRE ALT, UND ES IST ZEIT FÜR MICH, EINMAL ZU ZEIGEN, WIE GOTT MEIN LEBEN VERÄNDERT HAT.

DIE SO ENTSTANDENEN "BEKENNTNISSE" SIND EIN TEIL DER ETWA 130 BÜCHER, DIE ER GESCHRIEBEN HAT. WER WAR ALSO DIESER MANN? AUGUSTINUS WURDE AM 13. NOVEMBER 354 IN THAGASTE, EINEM GROSSEN MARKTFLECKEN IM OSTEN DES HEUTIGEN ALGERIEN, GEBOREN.
MONIKA, SEINE MUTTER
WENN DEIN SOHN WIRKLICH SO KLUG IST, WIE DU ES SAGST, DANN MUSST DU IHN ZUR SCHULE SCHICKEN.
SEIN VATER PATRICIUS
DAS WIRD TEUER WERDEN!
DIE SCHULISCHEN RESULTATE SIND...

...VIELVERSPRECHEND.
BEIM LATEIN GEHT ES FAST VON SELBST, ABER DEM GRIECHISCHEN KANN ER ÜBERHAUPT KEINEN GESCHMACK ABGEWINNEN.
ICH HABE GEWONNEN.
BETRÜGER!
ICH BEGREIFE DAS NICHT. MAMA ERZÄHLT UNS DAUERND ETWAS ÜBER JESUS, ABER DU SAGST NIEMALS ETWAS DAVON.
AN GÖTTERN FEHLT ES NICHT, UND DIE GÖTTER ROMS GENÜGEN MIR.
ABER DAS CHRISTENTUM TRIUMPHIERT AUF JEDEN FALL ÜBER DIE HEIDNISCHEN RELIGIONEN.
PAH!
WARUM IST MAMA SO TRAURIG?
DU BIST JETZT GROSS GENUG UND DARFST ES WISSEN.
ES IST, WEIL PAPA ZU EINER ANDEREN FRAU GEHT.

EUER FREUND ROMANIANUS HAT EINIGES FÜR UNS ÜBRIG. WELCH EIN SCHAUSPIEL!
ER ACHTET NICHT AUF DIE KOSTEN...
HOCH LEBE ROMANIANUS!
DAS WAR WIRKLICH GROSSARTIG!
DAS WAR VON EINER UNÜBERBIETBAREN SCHÖNHEIT!
ALSO, WAS WILLST DU SPÄTER EINMAL WERDEN?
ICH WERDE RECHTSANWALT ODER EIN BERÜHMTER REDNER
ER WEISS WAS ER WILL, DER BENGEL!
ABER UM DAS ZU ERREICHEN, MUSS ER NACH MADAURA GEHEN. UND DIESE STUDIEN DÜRFTEN TEUER WERDEN.
ES GIBT AUF JEDEN FALL EINE LÖSUNG. KOMM EINMAL BEI MIR VORBEI.

AUGUSTINUS BESUCHT DIE HÖHERE SCHULE IN MADAURA.
IST ES WAHR, DASS DU UNS VERLASSEN WIRST?
MEIN VATER KANN DIE SCHULE NICHT MEHR BEZAHLEN.
AUGUSTINUS IM ALTER VON 15 JAHREN.
ICH HABE DIR EINE GROSSE NEUIGKEIT MITZUTEILEN. DEIN VATER WIRD DIE TAUFE EMPFANGEN. UND DU, WIE STEHT ES MIT DEINEM GLAUBEN?
HAUT AB, BURSCHEN DA KOMMT WER.
DAS GESICHT DES EIGENTÜMERS MÖCHTE ICH SEHEN, WENN ER MORGEN FRÜH AUFSTEHT!
SIE SIND FAUL.
NOCH VIEL SPÄTER FRAGTE SICH AUGUSTINUS, WARUM ER BEI DIESEM VÖLLIG UNSINNIGEN DIEBSTAHL MITGEMACHT HABE.

EIN JAHR SPÄTER
JETZT HABE ICH ENDLICH DAS NÖTIGE GELD BEISAMMEN. DU WEISST DASS ES NICHT LEICHT WAR.
ICH KANN ALSO NACH KARTHAGO GEHEN.
IN KARTHAGO
SCHAU! ALLES BADET GERADEZU IN DIESEM WUNDER-SCHÖNEN LICHT.
DU BIST WIRKLICH EIN DICHTER.
ER IST SIEBZEHN JAHRE ALT.
WIE FINDEST DU DAS? NICHT SCHLECHT, GELL?
DAS IST NICHT MEIN STIL.
ALS ACHTZEHNJÄHRIGER
ICH WOLLTE IHN NICHT. ABER JETZT, NACHDEM ADEODAT GEBOREN IST, HABE ICH IHN WIRKLICH LIEB.

AUGUSTINUS ENTDECKT DIE PHILOSOPHIE.
DU SIEHST SEHR BEUNRUHIGT AUS, MEIN LIEBLING.
ES IST WEGEN DES CICERO. DAS, WAS ER ÜBER DIE WEISHEIT SAGT, IST WIRKLICH AUFREGEND.
CICERON L'HORTENSIUS
UND DAS HIER, WAS IST DAMIT?
BIBLE
ICH WERDE ES DIR ZURÜCKGEBEN, ES BRINGT NICHTS, ES IST SEHR SCHLECHT GESCHRIEBEN. LASS ES SEIN.
ER MACHT SICH AUF DIE SUCHE NACH DER WAHRHEIT.
DER MANICHÄISMUS IST EINE WISSENSCHAFTLICH BEGRÜNDETE RELIGION. SIE BERUFT SICH AUF DEN VERSTAND.
ZWEI GROSSE PRINZIPEN REGIEREN DIE WELT. DAS GUTE PRINZIP IST DER GEIST, DAS SCHLECHTE DIE MATERIE. DER MENSCH IST NICHT VERANTWORTLICH FÜR DAS SCHLECHTE, DAS ER TUT.
DER VATER STIRBT, UND AUGUSTINUS MUSS SEINEN LEBENSUNTERHALT SELBST VERDIENEN. ER KEHRT NACH THAGASTE ZURÜCK, UM EINE SCHULE ZU ERÖFFNEN
NIEMALS WERDE ICH EINEN HÄRETIKER IN MEIN HAUS AUFNEHMEN!
MEIN SOHN IST VERLOREN.
GEWISS NICHT! EIN SOHN SO VIELER TRÄNEN KANN NICHT VERLOREN SEIN! ER IST INTELLIGENT GENUG, UM HERAUSZUBEKOMMEN, DASS DIE MANICHÄER NUR DUMMES ZEUG ERZÄHLEN!

ABER EINIGE ZEIT SPÄTER
ICH HABE EINEN TRAUM GEHABT, DURCH DEN GOTT MICH WISSEN LIESS, DASS DU ZUM WAHREN GLAUBEN ZURUCKKEHREN WIRST.
DIE MANICHÄER HABEN RECHT. SIE SIND ES, DIE DIE WAHRHEIT BESITZEN.
DER TOD EINES GUTEN FREUNDES BRINGT AUGUSTINUS ZIEMLICH DURCHEINANDER.
ER KEHRT NACH KARTHAGO ZURÜCK.
ES IST UNMÖGLICH, UNTER SOLCHEN VORRAUSSETZUNGEN ZU ARBEITEN!
DER GROSSE WISSENSCHAFTLER DER MANICHÄER IST ANGEKOMMEN. DU MUSST IHN UNBEDINGT SEHEN.

FAUSTUS VON MILEVE
LIEBER PROFESSOR, SIE SCHEINEN MIR NICHT SEHR ÜBERZEUGT ZU SEIN VON MEINEN ARGUMENTEN!
ABER GEWISS DOCH! ABER GEWISS DOCH!
FAUSTUS IST EIN DURCHAUS ACHTENSWERTER MENSCH, ABER AUCH ER WEISS KEINE ANTWORT AUF MEINE FRAGEN.
DER MANICHÄISMUS LEHRT NUR TRÄUMEREIEN.
AUGUSTINUS MACHT EINE BLENDENDE KARRIERE.
ICH ERKLÄRE HIERMIT AUGUSTINUS ZUM DICHTERFÜRSTEN.
EIN MANN MIT IHREM TALENT SOLLTE NACH ROM GEHEN.
MAN SAGT, DASS DIE SCHÜLER DORT SEHR FLEIßIG SIND.

ICH WERDE DIR DIE ADRESSE EINES UNSERER FREUNDE GEBEN, BEI DEM DU WOHNEN KANNST.
DIE ABFAHRT.
FAHR NICHT FORT! DEINE ABWESENHEIT WIRD MIR DAS HERZ BRECHEN
ABER MAMA! WENN ICH MICH EINGERICHTET HABE, WIRST DU NACHKOMMEN, UND WIR WERDEN WIEDER BEISAMMEN SEIN.
EINIGE STUNDEN SPÄTER.
ICH FLEHE DICH AN, AUGUSTINUS, BLEIB HIER.
HÖR ZU, MAMA, ICH MUß EINEM FREUND WIEDERSEHEN SAGEN, DESSEN SCHIFF GLEICH ABFÄHRT. GEH' BETEN, DAS WIRD DICH TRÖSTEN.
MEIN SOHN!
ICH HABE MEINE MUTTER BELOGEN! SOLCH EINE MUTTER!

NACH EINEM SCHWIERIGEN ANFANG.
DER KÖNIGLICHE HOF IN MAILAND BRAUCHT EINEN GUTEN RHETORIKPROFESSOR, UM DIE OFFIZIELLEN VERLAUTBARUNGEN BEKANNTZUGEBEN.
DAS WÄRE EINE EHRE FÜR MICH.
IN MAILAND, WO MONIKA IHN WIEDERGETROFFEN HAT.
DU MUßT EINE ACHTBARE EHE SCHLIESSEN. ICH WERDE EINE ENTSPRECHENDE FRAU FÜR DICH SUCHEN.
JETZT, WO DU EINEN WICHTIGEN POSTEN BEKLEIDEST, KANNST DU NICHT MIT DEINER EINFACHEN FREUNDIN ZUSAMMEN BLEIBEN, DAS WÜRDE NICHT GUT AUSSEHEN.
UND NACH 14 JAHREN DES ZUSAMMENLEBENS
ICH WÄRE SO GERN MIT DIR ZUSAMMENGEBLIEBEN.
AUCH ICH WÜRDE LIEBER BEI DIR BLEIBEN. BEI GOTT, ICH VERSPRECHE DIR, DASS ICH NIEMALS EINEN ANDEREN LIEBEN WERDE.

DER BISCHOF VON MAILAND: AMBROSIUS.
DIESE BLINDEN MANICHÄER SIND UNFÄHIG, DIE WEISHEIT DER PATRIARCHEN UND DIE GEISTIGE BEDEUTUNG DER HEILIGEN SCHRIFT ZU BEGREIFEN.
SIE BILDEN SICH EIN, GOTT SEI WIE EIN MATERIELLES ETWAS IM WELTRAUM VERBREITET. GOTT IST EIN GEISTIGES SEIN.
AUGUSTINUS IST VERUNSICHERT UND WAGT NICHT, AMBROSIUS ZU UNTERBRECHEN
WAS FÜR EIN REDNER DOCH DIESER AMBROSIUS IST! UND DAS, WAS ER SAGT, HAT TIEFGANG UND IST WAHR.
AUGUSTINUS IST SEHR BESCHÄFTIGT...
LASST UNS DEN MANN FEIERN, DER DIE BARBAREI BESIEGT HAT, UND DER EINMAL MEHR ZEIGTE, DASS ROM FÜR IMMER IN EINEM EWIGEN GLANZ AUFSTRAHLEN WIRD.

Der Heilige AUGUSTINUS

Gottsucher, Bischof und Freund des klösterlichen Lebens

Die Kirche in Nordafrika

Im 4. Jahrhundert war Nordafrika (der Nordosten des Magreb) eine reiche römische Provinz, die Kornkammer für Rom und Italien, ein Gebiet, in dem das Christentum eine hohe Blüte erlebte.

Im Jahr 411 zählte diese Provinz mehr als 250 katholische Bischöfe und ebensoviele Bischöfe der Donatisten, einer Sekte, die schon nahezu 100 Jahre bestand. In dieser Zeit hatten die Ortskirchen noch nicht den engen Anschluß an den Papst wie heute. Es gab dafür häufige Provinzialsynoden unter der Leitung des kirchlichen Oberhauptes dieser Gegend, des Bischofs von Karthago (heute Tunis).

Ausbreitung des Evangeliums

Wir haben keine Urkunden von den Anfängen der nordafrikanischen Kirche ; aber bereits um Jahr 180 bezeugen die Namen von 12 Martyrern, daß das Christentum dort schon Wurzel gefaßt hatte.

Nach dem Tod Christi und der Predigt der ersten Apostel hat sich das Evangelium vor allem im östlichen Mittelmeerraum ausgebreitet, zwischen dem heutigen Libyen und Kleinasien, der jetzigen Türkei, so etwa in den Provinzen Kappadozien, Galatien und Cilicien. Dort lebten in der Frühzeit die meisten Christen. Auf der anderen Seite des östlichen Mittelmeers war das Wachstum der Kirche ähnlich erfreulich, und zwar in Ägypten mit Alexandrien als Mittelpunkt.

Im Westen wurde das Christentum damals vor allem in Mittelitalien heimisch, zwischen Ravenna und Neapel. In Spanien findet man zu dieser Zeit die meisten Christengemeinden in Andalusien. In Gallien, dem heutigen Frankreich, schlug das Christentum vor allem Wurzel in der Provence, in Lyon, in Tours (hl. Martin) und in den anderen großen Städten.

Im Osten von Palästina breitete sich der christliche Glaube in Richtung der heutigen Länder Irak und Iran (Persien) aus. Eine weitere Ausbreitung stieß aber auf heftigen Widerstand.

Die Kirche im Afrika des 3. und 4. Jahrhunderts zählt eine Reihe hervorragender Persönlichkeiten : Martyrer wie die beiden jungen Frauen Felicitas und Per-

→

Ruinen von Tipasa (Algerien)

Die "Bekenntnisse"

Wer nur die Werke des hl. Augustinus besitzen würde, der hätte schon eine sehr bedeutende Bibliothek. Es existieren von ihm noch 225 Briefe, ungefähr 400 Predigten, mehr als 300 Homilien (Schrift-auslegungen) über das Johannes-Evangelium und die Psalmen, und 252 Bücher. In letzter Zeit wurden noch bedeutsame neue Funde gemacht.

Augustinus behandelt vielerlei Themen aus der Theologie, Moral, Bibelerklärung, Katechetik. Daneben schrieb er Lieder für seine Gläubigen in Hippo. Bei alledem bedient er sich verschiedener literarischer Ausdrucksformen, wie des Zwiegesprächs, der Abhandlung, der Erklärung usw.

Von diesem enormen literarischen Schaffen sind seine "Bekenntnisse" das bekannteste und am häufigsten übersetzte Werk. Er schrieb es im Alter von etwa 40 Jahren, als er schon Bischof war, rund 10 Jahre nach seiner Bekehrung. — In diesem Werk schildert er sein Leben und flicht dabei viele philosophische und religiöse Gedanken mit ein. Von den 13 Büchern sprechen die 9 ersten über seine Jugendzeit, seine Studien, seine Lehrtätigkeit und seine Bekehrung zum christlichen Glauben, bis zu der gnadenvollen Gotterfahrung von Ostia und zum Tod seiner Mutter Monika. Die folgenden Kapitel sind Betrachtungen über Gott, die Zeit, das Gedächtnis und eine Erklärung der ersten Verse des Buches Genesis. — Das Wort "Bekenntnisse" hat in dieser Schrift einen doppelten Sinn : Bekenntnis seiner Schuld und Bekenntnis der Größe und Barmherzigkeit Gottes.

petua (getötet im Jahr 203), ausgezeichnete Denker wie Tertullian, dessen Lehre über die Dreifaltigkeit und die Gottheit Christi das Konzil von Nicäa beeinflußte. Das Leben des hl. Cyprian, Bischofs von Karthago, hat viele Ähnlichkeiten mit dem des hl. Augustinus. Auch er war zuerst Lehrer der Beredsamkeit. Sein Lebenswandel vor seiner Bekehrung zum Christentum war nicht erbaulich. Nach seiner Taufe wurde er gegen seinen Willen zum Bischof gewählt. Dieser große Theologe wurde während der Verfolgung unter Decius (250) die Stütze der Kirche. 258 erlitt er unter Valerian das Martyrium.

Zeit des Kaisers Konstantin

Unter seiner Regierung erlebt die Kirche zu Beginn des 4. Jahrhunderts die große Wende. Im Jahr 313 erläßt dieser Kaiser das Edikt von Mailand, in dem das Christentum als Staatsreligion anerkannt wird. Von da an genießt die Kirche — mit Ausnahme der Regierungszeit Julians des Apostaten — Schutz und Förderung durch die Herrscher des Römischen Reiches. 320 wird der Sonntag zum offiziellen Ruhetag erklärt. Der Lateranpalast wird den Päpsten als Residenz übergeben. In Rom und Konstantinopel entstehen prächtige Kirchen. Obwohl das Heidentum noch fortlebt, entfaltet sich nun überall das Christentum. Nach dem Ende der Verfolgungen wächst die Zahl der Christen rasch. Jetzt findet man sie in allen Schichten der Gesellschaft. Bedeutende römische Familien und hohe Staatsbeamte bekennen sich zum Christentum. Aber dieser Forschritt erzeugt auch Gegenströmungen. Nicht alle Neubekehrten zeigen den Eifer und den Bekennermut der ersten Gläubigen, die mit dem Martertod rechnen mußten. Aber man findet auch jetzt Beispiele heroischen Verzichts auf großen Besitz, wie beim hl. Paulinus von Nola und seiner Gattin Theresia und bei anderen.

In dieser Periode erwächst der Kirche zahlreiche Gegnerschaft. Es ist die Zeit der großen Häresien : Arianismus, Manichäismus, Pelagianismus, Donatismus und andere. Der Afrikaner Augustinus wird in heißem Kampf mit ihnen stehen. Die folgenden Jahrhunderte sind geprägt von seinem Gedankengut, seiner Lehre, seiner Theologie.

Die Kirchenväter

Das Edikt des Kaisers Konstantin brachte der Kirche eine Zeit des Friedens, die zu den glänzendsten ihrer Geschichte gehört : die goldene Zeit der "Kirchenväter". So bezeichnet die Kirche Männer von größer Heiligkeit des Lebens und hohem theologischen Wissen. — Man spricht von griechischen und lateinischen Kirchenvätern. Die griechischen Väter kommen aus Kleinasien, Kappadozien, Alexandrien und Palästina... Ihre Werke sind in griechischer Sprache verfaßt. Es sind die Heiligen Athanasius von Alexandrien, Basilius von Cäsarea, Gregor von Nyssa, Gregor von Nazianz, Theodor von Mopsvestia, Cyrillus von Alexandrien... Die lateinischen Väter kommen aus Nordafrika, Italien, Frankreich, Spanien... Sie schreiben lateinisch. Es sind die Heiligen Hilarius von Poitiers, Ambrosius von Mailand, Martin von Tours, Hieronymus, Augustinus...

Sie haben vieles gemeinsam. Die meisten sind zwischen 330 und 360 geboren ; alle gehören zur Elite der Gesellschaft ihrer Zeit. Sie machten lange und solide Studien, besonders literarische und hier vor allem im Fach Rhetorik (Kunst der Rede). Wenn sie mit der Philosophie in Berührung kommen oder sie (wie Augustinus) durch Lesen solcher Schriften oder die Begegnung mit Philosophen, mit Ausnahme des Gregor von Nyssa.

Sie sind Christen seit ihrer Kindheit. Einige stammen aus Familien, die seit Generationen Christen sind. Andere hatten eine tief gläubige Mutter, wie Augustinus, Ambrosius, Johannes Chrysostomus und Basilius. — Nach Abschluß der Studien beginnen sie oft ihre Laufbahn als Lehrer der Redekunst, mit Ausnahme von Martin, der Offizier in einer römischen Legion war, und von Ambrosius, dem früheren Gouverneur. — Einige sind vermählt wie Gregor von Nÿssa. Auch Augustinus hatte jahrelang eine Lebensgefährtin.

Ihr erster Lebensabschnitt endet meist mit einer "Bekehrung",einer Erschütterung. Wenn sie die Taufe lang hinausgeschoben haben, empfangen sie das Sakrament in den dreißiger Jahren. Die meisten wenden sich dem Klosterleben zu, das als das Ideal der christlichen Vollkommenheit galt. Wenn sie sich nicht in die Einsamkeit der Wüste zurückziehen, folgen sie nach drei bis fünf Jahren dem Ruf der Kirche, werden Bischöfe und übernehmen damit schwere Verantwortung. In diesem Lebensabschnitt nehmen sie oft teil an den großen Geisteskämpfen, welche die Kirche damals erschütterten, besonders im Kampf gegen die Irrlehren. Ihre Briefe, ihre Meditationen, ihre theologischen Schriften liefern für die kommenden Jahrhunderte die Grundlage der christlichen Lehre.

Vielleicht fehlen uns heute solche Denker, die wie die Kirchenväter ausgewogene Glaubensantworten auf die Fragen der Menschen unserer Zeit anbieten.

Hl. Gregor von Nazianz

Hl. Johannes Chrysostomus

Augustinus Lebenslauf im Rahmen seiner Zeit

13. Nov. 354	*Geburt Augustinus in Thagaste.*
361-363	Regierung Julians des Apostaten. Er verleugnet den christlichen Glauben und führt das Heidentum wieder ein.
365-369	*Studium in Madaura.*
369-370	*Ohne Beschäftigung in Thagaste.*
370	*Höhere Studien in Karthago.*
371	*Tod seines Vaters Patricius.* *Augustinus verbindet sich mit seiner Gefährtin.*
372	*Geburt seines Sohnes Adeodat.*
373	*Augustinus wird Professor in Thagaste.* Ambrosius wird in Mailand zum Bischof geweiht.
374	*Augustinus Professor in Karthago.*
380	St. Hieronymus übersetzt die Heilige Schrift in die lateinische Sprache (Vulgata).
381	Das Konzil von Konstantinopel enscheidet gegen jene, welche die Gottheid des Hl. Geistes leugnen.
383	*Augustinus reist nach Rom, um dort zu lehren.*
384	*Er wird zum Professor in Mailand ernannt.*
385	*Monika reist zu ihm nach Mailand.*
386	*Augustinus Bekehrung. Er zieht sich nach Cassiciacum zurück, zur Vorbereitung auf die Taufe.*
387	*In der Osternacht wird Augustinus von Ambrosius getauft.* *Die gnadenvolle Gotterfahrung von Ostia und der Tod Monikas.*
388	*Heimkehr nach Afrika. Leben in der klösterlichen Gemeinschaft von Thagaste.*
389	Tod des Adeodat.
391	*Augustinus wird in Hippo zum Priester geweiht.* Ein Edikt des Kaisers Theodosius verbietet den heidnischen Kult.
392	*Streitgespräch mit dem Manichäer Fortunatus.*
395	*Augustinus wird von Valerius zum Hilfsbischof geweiht.*
396	*Augustinus zum Bischof von Hippo eingezetzt.*
397-401	*Er schreibt seine "Bekenntnisse".*
399	Schließung der heidnischen Tempel in Afrika.
401	Erster Zug Alarichs gegen Italien. Er wird abgewehrt.
402-422 (?)	*Arbeit an dem großen Werk über die heiligste Dreifaltigkeit.*
407	Einfall der Vandalen in Gallien, dem heutigen Frankreich.
408	Alarich belagert Rom.
410	Einnahme und Plünderung Roms. *Wegen Krankheit zieht sich Augustinus im Winter aufs Land zurück.*
411	Religionsgespräch von Karthago. Der Legat des Kaisers entscheidet zugunsten der Katholiken gegen die Donatisten.
412	Kaiserliche Edikt verurteilen die Donatisten.
412-425	*Augustinus arbeitet an dem Monumentalwerk "Der Gottesstaat".*
416	Die Ostgoten fallen in Spanien ein.
426	*Augustinus ernennt Heraclius zu seinem Nachfolger.*
429	Die Vandalen setzen von Spanien nach Afrika über.
430	*Augustinus stirbt in Hippo während der Belagerung der Stadt durch die Vandalen.*

Es gibt keine kindliche Unschuld

Kinder sind keine Engel

Augustinus hat den Kindern große Aufmerksamkeit geschenkt. Was sagt er uns darüber ? *"Ich habe ein kleines Kind beobachtet, das eifersüchtig war. Es konnte noch nicht sprechen ; aber ganz bleich und mit bösem Blick schaute es auf seinen Milchbruder."* Er brauchte übrigens nur an sich selbst zu denken, um zu erkennen, daß er kein Engel war. *"Heimlich habe ich Näschereien im Keller und vom Tisch meiner Eltern genommen. Beim Spiel merkte ich oft, daß ich verlieren würde, und durch Schwindelei bin ich Sieger geworden."*

Aus solchen Beobachtungen zieht er den Schluß : *"Gibt es eine kindliche Unschuld ? Nein, Herrn, das gibt es nicht. Der schwache Körper des Kindes ist unschludig, aber nicht seine Seele."* Gleichwohl ist diese Seele nicht nur Dunkelheit. Auch die ganz Kleinen können zu Gott kommen, wenn ihnen die Erwachsenen den Weg zeigen. Monika hat ihrem kleinen Jungen oft von Gott erzählt, und Augustinus hat mit Eifer zu Gott gebetet. *"Ich erfuhr, daß es ein großes Wesen gibt, das wir zwar nicht sehen können : aber es hört uns und hilft uns. So begann ich als Kind zu beten. Mit großer Inbrunst bat ich Dich, mein Gott, daß ich in der Schule nicht Schläge bekomme".* Ein Kind ist auch fähig zu wirklichem Glauben. *"Eines Tages überfiel mich ein Fieber, das mich an den Rand des Grabes brachte. Herr, Du hast gesehen, mit welcher Innigkeit und welchem Glauben ich die Taufe verlangte."* Rasch verschwand das Fieber und die Taufe wurde auf eine spätere Zeit verschoben.

Aber Kinder sind fähig, Gott zu lieben

Aus diesen Beobachtungen im täglichen Leben ergeben sich für Augustinus zwei wichtige theologische Folgerungen. Einerseits : die Seele ist gezeichnet durch die Sünde. *"Niemand ist rein von Sünde, nicht einmal das kleine Kind an seinem ersten Lebenstag."* Andererseits : das Kind ist ein Ebenbild Gottes. *"Aber seit diesem Tag war ich da, lebte, fühlte, verteidigte mein Ich, den geheimnisvollen Abglanz der geheimnisvollen Einheit meines Ursprungs. Auch in meinem kleinen Denkvermögen freute ich mich schon über die Wahrheit. Ich wollte nicht betrogen werden. Mein Gedächtnis war gut und das Lernen fiel mir leicht. Alles, das war gut und alles das gehörte mir. Also ist mein Schöpfer gütig. Er selbst ist mein Gut."* Und weil Gott das Gut jedes Menschen ist, ist die Taufe notwendig auch für die kleinen Kinder. Die Taufe reinigt die Seele, die beschmutzt ist von der Sünde. Sie macht es jedem Menschen möglich, die Gnade zu empfangen, das freie Geschenk Gottes. Und durch die Gnade wird man ein Kind Gottes.

Interessieren, nicht zwingen

Augustinus ist auch ein Pädagoge mit teilweise revolutionären Ansichten. Er hat die Erziehungsmethoden seiner Zeit wenig geschätzt. *"Man schickte mich in die Schule, um das Lesen zu lernen. Ich begriff nicht, wozu das gut sein sollte. Aber trotzdem bekam ich Schläge, wenn ich faul war. Die Erwachsenen machten sich nur lustig darüber."* Augustinus kann solche Brutalität nicht billigen. Aber er ist nicht Gegner eines gewissen Zwanges. *"Ich hatte keine Freude am Lernen und ich haßte den Zwang dazu. Trotzdem hat man mich zum Lernen gezwungen, und das war gut für mich ; denn sonst hätte ich nichts gelernt."*

So hat Augustinus die Ansichten der modernen Pädagogik um Jahrhunderte vorausgenommen, wenn er als Grundlage der Erziehung die Motivation fordert. *"Die freie Wißbegierde ist stärker als der Zwang zum Lernen."* Diese pädagogische Reform muß sich auch auf den Lernstoff beziehen. *"Man hat uns gezwungen, uns abzuplagen mit den Einfällen der Dichter. Gab es denn keine anderen Gegenstände, um meinen Verstand und meine Sprache zu üben ? Deine Lobpreisungen, o Gott, wie man sie in der Bibel findet, hätten die noch schwächlichen Regungen meines Herzens gekräftigt."* — Augustinus hätte ein ausgezeichneter Unterrichtsminister für christliche Erziehung werden können.

Tumulte, Liebe und Keuschheit

Die unruhigen Jahre des Teenagers

Der junge Augustinus führte zwischen 15 und 17 Jahren ein ziemlich stürmisches Leben. *"Ich brannte darauf, die Freuden der Hölle auszukosten und kannte keine Scheu, in unsteten und lichtscheuen Liebeleien zu verwildern."* Bei seiner Ankunft in Karthago war die Sinnlichkeit in dem Studenten bereits erwacht. Er liebt Leben, Theater, Vergnügen und Liebeständeleien. *"Und was war es, woran ich meine Freude fand, als zu lieben und geliebt zu werden? Aber dabei begnügte ich mich nicht mit dem Verkehr von Seele zu Seele."* Ein Satz beleuchtet sein damaliges Leben: *"Meine ungefestigte Jugend wurde durch die Abgründe der Leidenschaften gerissen und in einen Strudel von Schandtaten gestürzt."*

Diese Bekenntnisse, die mehr als 20 Jahre nach den Ereignissen niedergeschrieben wurden, stammen von einem Mann, der sich bekehrt hat, der seinen Lebenswandel radikal geändert hat und jetzt zu den bedeutendsten Bischöfen der afrikanischen Kirche gehörte. Wäre es nicht möglich, daß er seine Vergangenheit düsterer dargestellt hat, um die Macht der göttlichen Gnade hervorzuheben, die sein ganzes Leben geändert hat? Und tatsächlich, wenn Augustinus seine Jugend mit Strenge beurteilt, macht er doch auch einige feine Unterscheidungen... *"Was ist tadelnswert, wenn nicht das Laster? Ich aber machte mich lasterhafter, um nicht getadelt zu werden von den Gefährten meiner Sünde. Hatte ich keine Tat begangen, womit ich mich vor ihnen brüsten konnte, so log ich ihnen vor, getan zu haben, was ich nicht getan, um nicht verächtlicher zu sein, weil ich keuscher war."* — Diese Einschränkungen sind natürlich nicht Zeichen von Tugend. Es ist wahrscheinlich, daß Augustinus ein Leben der Lust führte, wie viele junge Leute seiner Zeit in der Gesellschaft, in der er verkehrte, wo das Hauptinteresse auf Theater, Thermen (öffentliche Bäder) und Sex gerichtet war.

Augustinus und seine Gefährtin

Mit 17 Jahren machte Augustinus "Ordnung". *"Ich lebte mit einer Frau zusammen, ohne mich mit ihr rechtmäßig zu vermählen. Ich hatte keine andere und ich bewahrte ihr die Treue."* So lebte er in einem nicht geordneten Verhältnis, wie es heute auch oft geschieht. Doch im römischen Recht wurden solche Verhältnisse als völlig in Ordnung anerkannt. Auch Monika, die sich so viele Sorgen machte um ihren Sohn, scheint ihm darüber keinen Vorwurf gemacht zu haben.

Der junge Lehrer der Redekunst hielt Ausschau nach einem höheren Posten. Sobald er ihn erreicht hätte, wollte er sich gesetzlich mit einer Frau seines Standes vermählen.

Es ist wohl bemerkenswert und Augustinus unterstreicht das auch, daß er seiner Gefährtin in den 14 Jahren ihres Zusammenlebens volle Treue hielt. Damals war eine solche Treue so außerordentlich, daß er dies eigens erwähnt. Man kennt den Namen dieser Frau nicht. Sie hatten zusammen einen Sohn Adeodatus, der als junger Bursche starb.

Die Trennung

Um seiner Karriere willen ging Augustinus nach Rom und später nach Mailand. Dort wurde er mit dem Titel *"Meister der Beredsamkeit"* angestellt. Das war die Stellung, die er begehrte. Monika reiste ihm nach und suchte für ihn eine standesgemäße Gattin. Die Sache wurde geschickt eingefädelt. Man vereinbarte, daß die Ehe nach zwei Jahren geschlossen werden solle. Während dieser Zeit sollte Augustinus die Mutter des Adeodatus wegschicken. Er war damit einverstanden.

"Als man so die Frau, die meine Geliebte war, von meiner Seite verstoßen hatte, war mein Herz verwundet und zerrissen und hatte lange eine blutende Wunde." Sie kehrte nach Afrika zurück und gelobte vor Gott, niemals zu heiraten.

Man hat diese Episode oft ausgeschmückt und behauptet, Augustinus habe seine Gefährtin wegen seiner Bekehrung verstoßen. Das ist völlig falsch. Die Bekehrung fand erst später statt.

Liebesfesseln sind stark

Nun mußte man noch zwei Jahre warten. *"Ungeduldig über diese Wartezeit, besorgte ich mir eine andere Frau, nicht als Gattin. So heilte die Wunde nicht, die mir die Trennung von meiner bisherigen Freundin verursacht hatte."* Hier zeigte sich die Anhänglichkeit und Liebe Augustinus zu seiner ersten Gefährtin, und auch, daß es ihm vor seiner Bekehrung nicht gelang, ehelos keusch zu leben.

Die Frage der Ehelosigkeit beschäftigte ihn sehr stark. Er sagte über Ambrosius: *"Seine Ehelosigkeit erschien für mich mühevoll."* Wenn Augustinus den Entschluß zur Taufe hinauszögert, dann deshalb, weil er glaubt, nicht keusch leben zu können.

Es scheint verwunderlich, daß Augustinus Taufe und Keuschheit so eng verknüpft. Die Menschen seiner Zeit betrachteten den Eintritt in die Kirche als eine radikale Abwendung von ihrem bischerigen Lebenswandel. Die Lieder der Taufnacht singen: *"Legt ab den alten Menschen und zieht den neuen Menschen an."* Das bedeutete für Augustinus den Verzicht auf Bindungen, die ihm zu sinnlich vorkamen. Aber wie könnte er zu solchem Verzicht gelangen?

"Von Tag zu Tag verschob ich es, in Dir zu leben. Ich glaubte nämlich, ich würde allzu elend sein, wenn ich auf die Umarmung einer Frau verzichten müßte. Ich glaubte, Enthaltsamkeit sei nur das Werk der eigenen Kraft. Solch ein Tor war ich, daß ich nicht wußte, daß keiner enthaltsam sein kann, außer Du schenkest es ihm."

Die Befreiung

Gequält und unfähig zu einem Entschluß schreckt Augustinus vor dem Hindernis zurück. Seine Unentschlossenheit erreicht in Mailand ihren Höhepunkt. Innerlich aufgewühlt und niedergeschlagen sitzt er eines Tages unter einem Feigenbaum im Garten des Hauses, wo er zusammen mit Alypius und anderen Freunden wohnt. Da hört er den Singsang eines Kindes, das immer wieder die Worte : *"Nimm und lies, nimm und lies"* trällert. Augustinus kommt diese Stimme vor wie ein Anruf Gottes.

"Ich griff nach den Briefen des Apostels Paulus, schlug das Buch auf und las die Stelle, worauf zuerst mein Auge fiel ;" Laßt uns ehrenhaft leben wie am Tag, ohne maßloses Essen und Trinken, ohne Unzucht und Ausschweifung, ohne Streit und Eifersucht. Legt (als neues Gewand) den Herrn Jesus Christus an, und sorgt nicht so für eueren Leib, daß die Begierden erwachen, "(Röm 13, 13). Kaum hatte ich diesen Satz gelesen, da ergoß sich ein Strahl von Sicherheit in mein Herz, Du hast mich zu Dir bekehrt, so daß ich nicht mehr daran dachte, mir eine Frau zu suchen."

Jetzt ist Augustinus frei. Aber er hat einen harten Kampf gegen sich selbst ausfechten müssen. Dieser Kampf kann erklären, daß er nur mit äußerstem Mißtrauen von der "Sinnenlust" spricht. Und wenn er später wunderbare Worte über die Ehe findet, so denkt er dabei gewiß an seine erste Liebe.

Die Eltern Augustinus

Patricius

Augustinus stammte aus einer Familie in bescheidenen Verhältnissen. Sein Vater war ein kleiner Grundbesitzer, angesehener Bürger ohne großes Vermögen. Viel lag ihm an der Zukunft seines begabten Sohnes, und er förderte ihn mit aller Sorgfalt. *"Mein Vater war nur ein bescheidener Bürger von Thagaste, der über seine Kräfte Ausgaben machte, um mir auswärts ein Studium zu ermöglichen."* Patricius war Heide. Er war seiner Gattin nicht immer treu, aber er schlug sie niemals, wie es damals allgemein Brauch war. Dank der dauernden Bemühungen Monikas empfing er vor seinem Tod die Taufe.

Monika

Vom Leben der Mutter Augustinus kennen wir viel mehr Einzelheiten. Sie war eine eifrige, fromme Christin. Als sie erfuhr, daß ihr Sohn sich der Irrlehre der Manichäer verschrieben hatte, war sie tief erschüttert. Sie wollte ihn nicht mehr empfangen. *"Vor Dir, Herr, weinte meine Mutter. Deine treue Dienerin, mehr als Mütter am Sarg ihres Kindes weinen. Für sie war ich tot."* Aber bald faßte sie sich und war bereit, mit Augustinus und seiner Gefährtin zu leben. *"Herr, Du hast ihre Tränen nicht verschmäht, mit deren Strom die Erde überall benetzt wurde, wo sie betete. Du hast sie erhört. Denn im Traum hast Du sie getröstet, so daß sie zustimmte, bei mir zu wohnen und im gleichen Haus am gleichen Tisch mit mir zu essen, was sie doch vorher abgelehnt hatte."*

Als charakterfeste Frau, die entschlossen war, alles zu versuchen, um ihren Sohn von der Irrlehre der Manichäer zu retten, wurde sie manchmal ein wenig aufdringlich und hinderlich. *"Meine Mutter bestürmte den Bischof mit Bitten und Tränen, mich zu empfangen und mit mir zu reden. Schließlich verlor der Bischof die Geduld und sagte : Geh jetzt, ein Sohn solcher Tränen kann nicht verloren gehen."*

Monika nahm diese Worte des Bischofs auf wie Gottes Wort. Sie beruhigte sich. Aber als sich Augustinus anschickte, nach Rom zu reisen, gab es wieder ein herzzereißende Szene. *"Sie war untröstlich über meine Abreise und sie begleitete mich bis zum Hafen. Ich machte mich los von ihr, indem ich ihr vorspiegelte, ich wolle nur bei einem Freund bleiben, bis er mit günstigem Wind absegeln könne."*

Augustinus log, um sich von der Mutter zu befreien, die ihn, mit aller Gewalt zurückhalten wollte. Als er 10 Jahre später seine "Bekenntnisse" schrieb, warf er sich reuevoll diese Lüge vor : *"Ich habe meine Mutter belogen, und welch eine Mutter !"*

Monika ist untröstlich. Sie bleibt am Hafen. Das Schiff trägt ihren Sohn davon. Augustinus findet gleichwohl, daß ihre Anhänglichkeit an ihn übertrieben ist. Hier seine Kritik : *"Am Morgen war meine Mutter schier von Sinnen vor Schmerzen und Klagen. Doch Du, Gott, hast das nicht beachtet. Mit der gerechten Geißel der Schmerzen hast Du das fleischlich-irdische Verlangen der Mutter bestraft. Sie wollte mich nämlich bei sich haben wie alle Mütter."*

Man kann wohl nicht daran zweifeln, daß Monika ihren Sohn ein wenig zuviel "besitzen" wollte. Für ihn ist sie zu allem bereit, sogar zu einer Reise über das Mittelmeer, während alle Leute in dieser Jahreszeit vor einer solchen Reise Angst hatten. Ihr Glaube und ihre Anhänglichkeit an Augustinus ließen sie mit Leichtigkeit solche Bedenken überwinden. *"Voll Kraft und Mut in ihrem Glauben war meine Mutter zu mir gekommen über Land und Meer ; an Deiner Hand fühlte sie sich sicher in jeder Gefahr. In den Fährnissen der Seefahrt sprach sie den Matrosen Mut zu, von denen doch sonst die Reisenden ermutigt werden müssen in ihrer Angst."*

Nach ihrer Ankunft in Mailand kümmerte sie sich um eine legitime Ehe für ihren Sohn. *"Meine Mutter widmete dieser Angelegenheit alle Sorgfalt."* Nun, da die Eheschließung eingeleitet ist, fordert sie ihren Sohn auf, seine Gefährtin zu entlassen. Er setzt dem keinen Widerstand entgegen... Bald wird dieser so geliebte Sohn sich zum Christentum bekehren. Ihre Freude ist grenzenlos... Nun kann sie sterben. Aber vorher darf sie mit ihm die Nähe Gottes erfahren in der beseligenden Schau in Ostia.

Eine weniger starke Persönlichkeit als Augustinus wäre ohne Zweifel von der Liebe einer solchen Mutter erstickt worden. Für ihn war diese große Liebe der Mutter sicherlich eine mächtige Kraftquelle. Es ist ja bekannt, daß die glücklichsten Menschen, die am besten für das Leben ausgerüsteten, jene sind, die in ihrer Kindheit mit einer großen Liebe beschenkt wurden.

Die gemeinsame Gotterfahrung in Ostia

Sie kamen nach Ostia, um von hier aus die Heimreise nach Afrika anzutreten. Eines Abends sprach Augustinus mit seiner Mutter über das ewige Leben bei Gott. Ihr Gespräch wurde gewiß durch eine göttliche Erleuchtung geführt. So hat man dieses Ereignis "die Ekstase von Ostia" genannt. Wenige Tage später starb Monika.

"... Wir standen allein an ein Fenster gelehnt beisammen, von wo man auf den Innenhof des Hauses blickte, das wir bewohnten, dort zu Ostia am Tiber; zurückgezogen vom Gedränge erholten wir uns nach der Mühsal der langen Reise im Hinblick auf die Seefahrt. Da sprachen wir denn einsam miteinander, süß und innig, vergaßen das, was hinter uns lag und wandten uns dem zu, was vor uns lag. In der Gegenwart der Wahrheit, die Du bist, befragten wir einander, von welcher Art wohl das zukünftige ewige Leben der Heiligen sei, das kein Auge noch geschaut, kein Ohr gehört und das kein Menschenherz sich je gedacht... Als das Gespräch zu jenem Ziel gelangt war, daß körperliche Sinnenfreude, wie groß sie auch sei, wie hell im irdischen Licht sie auch strahle, gemessen an der Wonne jenes Lebens keines Vergleichs, ja selbst nicht der Erwähnung wert erscheine, da richteten wir uns mit noch heißerer Inbrunst auf zu diesem Sein, und von Stufe durchwanderten wir die ganze Körperwelt und auch den Himmel, von dem Sonne, Mond und Sterne auf die Erde leuchten. Und noch weiter stiegen wir empor vertieften Sinnens im Gespräch miteinander und in Bewunderung Deiner Werke; und wir gelangten zu unseren Seelen und auch sie ließen wir hinter uns. So kamen wir zu dem Land der unerschöpflichen Fruchtbarkeit, dorthin, wo die göttliche Weisheit das Leben ist, durch das alles ist und war und sein wird... Und da wir sprachen von dieser Weisheit und uns nach ihr sehnten, berührten wir sie leise in einem Aufschwung unseres Herzens. Wir seufzten sehnsüchtig... und kerhrten zurück zum Wortgeräusch unseres Mundes."

Die Kunst der schönen Rede

"Meine Familie hatte nur einen Wunsch: Ich sollte so gut als möglich reden lernen und so, daß ich durch diese Kunst überzeugend wirkte." Einem guten Redner stand die Laufbahn als Rechtsanwalt oder als Lehrer der Beredsamkeit offen. Augustinus entschied sich für den letzteren Beruf. Im 7. Lebensjahr kam er in Thagaste in die Schule. Mit 11 Jahren schickte man ihn in die Mittelschule nach Madaura. Als er 15 Jahre alt war, hatten die Eltern nicht mehr genug Geld für eine weitere Schulung. So mußte er zurückkehren nach Thagaste. Aber schon im folgenden Jahr ermöglichte ihm ein Freund der Familie den Besuch der Hohen Schule in Karthago.

Rhetorik, die Kunst der Beredsamkeit, bedeutete den höchsten Grad der antiken Kultur. Diese Kunst umfaßte alle Verfahren, wie man ein Problem so darstellen kann, daß es gediegen, überzeugend oder verführerisch wirkt. Ein Redner mußte alle Möglichkeiten kennen und wissen, wie und was man über irgendeinen Gegenstand sagen kann. Augustinus war ein eifriger Schüler und hatte glänzenden Erfolg. Aber gut reden besagt noch nicht, daß man auch etwas zu sagen hat. Augustinus war der erste, um das zu erkennen. *"Mein Vater kümmerte sich nicht darum zu wissen, wie ich wachse vor Dir, o Gott, und wie es um meine sittliche Haltung bestellt war, wenn ich nur lernte, mit Leichtigkeit und Eleganz zu reden."*

Mehr als 10 Jahre lang unterrichtete Augustinus das Fach der Redekunst in Thagaste, in Karthago und schließlich in Rom. Das ging nicht ohne Mühe. In Afrika waren seine Schüler disziplinlos und es gelang ihm nicht, sie zu geregelter Arbeit zu bringen. In Rom waren sie viel vernünftiger, aber sie bezahlten ihren Lehrer nicht. Als Augustinus etwa mit 20 Jahren auf die Philosophie stieß, half ihm das, sich abzuwenden von Reden ohne Inhalt, nur um des Redens willen, und er achtete nun auf den Sinn der Rede. Das war für ihn eine Entdeckung. *"Jetzt interessierte mich nicht mehr der elegante Stil, sondern das, was ausgesagt wurde. Liebe zur Weisheit heißt auf griechisch: Philosophie. Und gerade diese Liebe entzündete in mir das Buch des Cicero »Hortensius«."* — Diese Liebe zur Weisheit sollte ihn nicht mehr verlassen, bis er Gott fand, die wahre Weisheit.

Augustinus — Haupt einer weitreichenden geistigen Bewegung

Vom 5. bis zum 20. Jahrhundert hat das Gedankengut Augustinus die Forschungen der Theologen und Geistesgrößen des Westens beeinflußt. Es wurde auch Quelle für viele Auseinandersetzungen. Sein Einfluß auf unsere Kultur war und ist bedeutsam. Es ist jedoch bedauerlich, daß manche Gelehrte, die sich aus den Werken Augustinus Anregung holten, sich nur mit den am meisten umstrittenen Aussagen in seinen Werken beschäftigten.

Die Kirche hat Augustinus Werk schon sehr früh als das eines ihrer bedeutendsten Lehrer geschätzt.

Die Kirche hat nicht alles gutgeheißen

In seinen Streitgesprächen mit den Pelagianern und besonders mit Julian hat Augustinus schroffe und paradoxe Formulierungen gebraucht. Wenn man nur diese betrachtet, hat seine Theologie eine pessimistische Vorstellung vom Menschen und seinem Heil. Hat nicht Augustinus von der "großen Zahl der Verdammten" gesprochen, als Folge der Erbsünde ? Spricht er nicht von der "kleinen Zahl der Auserwählten" ? Hat er nicht die Lehre von der Vorherbestimmung bis zum Widersinn gesteigert, wenn er sagt : "Dieser Mensch lebt in der Sünde ; aber in der Vorherbestimmung Gottes ist er vielleicht im Licht. Ein anderer führt ein tugendhaftes Leben ; aber er ist vielleicht im Dunkel der Nacht." Wie kann man solche extreme Auffassungen mit dem Glauben an die Güte Gottes und die Wirksamkeit der Erlösung vereinbaren ? Wo steht da der Mensch und sein persönlicher Anteil am Heil, das Gott ihm anbietet ?

Seit 529 hat die Kirche diese extremen Aussagen zurückgewiesen. Sie entschied sich für eine andere, mehr gemäßigte Lehre Augustinus : Alle Getauften können das Heil erlangen, wenn sie der Gnade Christi zustimmen.

Augustinus enormer Einfluß auf die großen Geistesmänner des Mittelalters

Gewiß gab es Leute, die sich darin gefielen, von Augustinus nur die weniger gesicherten theologischen Aussagen zu übernehmen. Dagegen fanden andere in seinen Schriften das Material für ihre fruchtbaren Gedanken. Im 12. Jahrundert war dies der Fall sowohl beim hl. Anselm und bei Abälard wie bei ihren Gegnern, dem hl. Petrus Damian und dem hl. Bernhard. Der hl. Thomas von Aquin übernahm ganze Passagen Augustinus in seine große Gesamtdarstellung der Theologie. Die Gegner seiner theologischen Lehre beriefen sich gleicherweise auf den großen Kirchenvater, unter ihnen die beiden Franziskaner St. Bonaventura und Duns Scotus.

Augustinus Klosterregel wurde von vielen Männerorden und Kanonikergemeinschaften übernommen. Erwähnt seien die Augustinerchorherren, die Prämonstratenser und die Dominikaner sowie die Augustiner, eine Gründung des hohen Mittelalters, die 1256 ihre heutige Form erhielt.

Die protestantische Reformation

Entrüstet über die religiösen Mißstände in der Kirche ihrer Zeit erhoben sich Luther und — bald nach ihm — Zwingli, Kalvin und andere, um die Kirche zu "reformieren". Martin Luther trat 1505 in das Erfurter Kloster der Augustiner ein und erlangte schon 1512 einen theologischen Lehrstuhl an der Universität Wittenberg. 1517 trat der junge Augustinermönch mit seiner neuen Theologie an die Öffentlichkeit. Gestützt auf seinen "Ordensvater" Augustinus machte er den Theologen seiner Zeit den Vorwurf, sie erneuerten die Irrlehren des Pelagius. Doch ging er selbst in seiner Lehre über Augustinus weit hinaus. So stellte er die Sätze auf : Die böse Begierlichkeit, die auch nach der Taufe noch im Menschen zurückbleibt, sei Sünde und mache den Menschen zum Guten unfähig. Allein durch den Glauben werde der Sünder mit Christus verbunden ; er bleide Sünder und sei zugleich gerecht, weil Gott ihn aufgrund der Versöhnung, die Jesus Christus vollbracht hat, für gerecht erklärt. Einen verdienstlichen Wert der guten Werke des Gerechtfertigten für das ewige Leben hat Luther geleugnet.

Als Antwort auf die protestantische Reformation verkündete das Reformkonzil von Trient : Die Begierlichkeit im Menschen besitzt nach der Taufe keinen eigentlichen Sündencharakter mehr, auch wenn sie zur Sünde reizt. Die Rechtfertigung besteht nicht nur im Nachlaß der Sünde, sondern in der Heiligung und Erneuerung des inneren Menschen durch den Empfang der Gnade Gottes. Der Glaube ist Anfang und Wurzel der Rechtfertigung vor Gott ; doch bringt er allein — ohne Hoffnung und Liebe — keine volle Verbindung mit Christus zustande. Für die guten Werke, die der Gerechtfertigte mit Gottes Gnade verrichtet, darf er vom barmherzigen Gott um der Verdienste Christi willen ewige Belohnung erhoffen.

Siegel der deutschen Augustiner Provinz

ältestes Siegel (1263)
heutiges Siegel (1963)

Die Regel des heiligen Augustinus

Die ersten Mönche

Im 4. Jahrhrundert verbreitet sich das Mönchtum in der ganzen Christenheit. Es hat seinen Ursprung in Ägypten. Den hl. Antonius aus Memphis kann man als den Vater des Mönchtums bezeichnen. Mehr als 80 Jahre lebte er als Einsiedler in der Wüste, wo er auch starb. Nach ihm gründete der hl. Pachomius Gemeinschaften von Mönchen und Nonnen und gab ihnen eine Lebensregel. Bald breitete sich das Mönschtum auch in Palästina aus, dann in Kappadozien und ganz Kleinasien, später auch in Italien, im heutigen Frankreich und in den britannischen Ländern.

Das Leben der ersten Einsiedler (Eremiten) war oft äußerst hart und streng. Ihre Verbreitung ging Hand in Hand mit der Entfaltung des Christentums. Nach der Zeit der Verfolgungen suchten öfters Christen eine Lebensform, deren Ideal an das Heldentum der Martyrer erinnerte.

Augustinus gründet Klöster und lebt selbst als "Diener Gottes„

Augustinus hat selbst mehrere Männer — und Frauenklöster gegründet. Das erste entstand in seiner Heimatstadt Thagaste. Zusammen mit Alypius, seinem Sohn Adeodat und einigen Freunden lebten sie als "Diener Gottes", die sich dem Gebet, dem Studium und Werken der Caritas widmeten. Auch als Augustinus in Hippo Priester geworden war, wollte er sein Klosterleben nicht aufgeben und gründete deshalb in einem Garten der dortigen Kirche das sogenannte *"Gartenkloster"*. Die Mitglieder waren Laien, die sich dem Gebet, der Schriftlesung und der Handarbeit widmeten, während Augustinus, der Obere der Gemeinschaft, seinen priesterlichen Aufgaben nachging. Als er wenige Jahre später Bischof wurde, richtete er auch im Bischofshof ein Kloster ein. Er nannte es das *"Klerikerkloster"*. Denn alle Mitglieder der Gemeinschaft waren Priester, Diakone oder Subdiakone und widmeten sich mit ihrem Bischof der Seelsorge in der Stadt und deren Umgebung. Bald gründete er in Hippo auch ein Frauenkloster, dessen Oberin für einige Zeit seine Schwester war.

Augustinus schreibt die älteste Klosterregel des Abendlandes

Für das Leben im *"Gartenkloster"* in Hippo schrieb Augustinus, wohl bald nach dem Jahr 400, seine Klosterregel. Noch zu seinen Lebzeiten wurde ihr Text auch für die Schwestern des Nonnenklosters umgeformt. Diese *"Augustinusregel"* ist die älteste Klosterregel des christlichen Abendlandes, die man kennt. Sie wurde mehr als 100 Jahre vor der Regel des hl. Benedikt geschrieben und ist bis heute ein Grundpfeiler des christlichen Ordenslebens geblieben. Noch heute leben an 100 Ordensgemeinschaften von Männern und Frauen nach den Weisungen, die Augustinus darin gegeben hat. — Wie sieht das Lebensideal aus, das Augustinus in dieser Klosterregel vorlegt?

Nach dem Vorbild der ersten Christen

Als Ideal für seine Klöster hat Augustinus das Leben der ersten Christen in Jerusalem vor Augen, von denen Lukas in der Apostelgeschichte berichtet, daß sie in brüderlicher Liebe und Gütergemeinschaft miteinander lebten. Nach diesem Vorbild wollte Augustinus mit seinen Mitbrüdern leben: *"Das erste Ziel eures gemeinschaftlichen Lebens ist, in Eintracht zuzammenzuwohnen und 'ein Herz und eine Seele' in Gott zu sein. Deshalb nennt nichts euer eigen, sondern alles gehöre euch gemeinsam."* Jeder sollte vom Gemeinsamen erhalten, was er brauchte. Eine feste Tagesordnung regelte den Tageslauf der klösterlichen Gemeinschaft. Die Zeit war eingeteilt in Stunden des Gebetes, der Lesung, des Studiums und der Arbeit. Das tägliche gemeinsame Gebet der Psalmen und Hymnen fand im Oratorium statt. Auch bei Tisch schrieb Augustinus eine Lesung vor. Doch saß man nach Tisch gewöhnlich noch geraume Zeit in brüderlicher Unterhaltung beisammen. Man sprach von den Ereignissen des Alltags, von den seelsorgerlichen Aufgaben oder auch über theologische und religiöse Fragen. Sorgfältig wachte Augustinus darüber, daß in der Unterhaltung lieblose oder verleumderische Nachrede über Abwesende unterblieb. Die Mahlzeiten waren einfach. Doch hatten die harten Kasteiungen der Mönche des Orients in diesen Klöstern keinen Platz. Fasten und Enthaltung von gewissen Speisen waren nur an bestimmten Tagen gefordert. Auf Schwächliche und Kranke wurde dabei Rücksicht genommen. Eine Bibliothek sollte täglich für alle zur Verfügung stehen. — Es war ein Klosterleben, geprägt von abendländischem Geist — ein Leben in christlicher Freiheit. Augustinus schrieb seine Regel *"nicht für Sklaven unter dem Gesetz, sondern für Freie unter der Gnade"*. Es spiegeln sich in dieser Regel die Grundzüge seiner Persönlichkeit: Gottsuche und Nächstenliebe, selbstlose Dienstbereitschaft, Geduld und Herzensgüte: *"Über allem leuchte die Liebe, die ewig bleibt."*

Augustinus und Ambrosius

In den "Bekenntnissen" spricht Augustinus von seinen Beziehungen zu Ambrosius. Beide gehörten zur gehobenen Gesellschaftsschicht der kaiserlichen Residenzstadt. Daher trafen sie sich zum erstenmal bei einem Höflichkeitsbesuch. *"Nach meiner Ankunft in Mailand besuchte ich den Bischof Ambrosius. Dieser Gottesmann empfing mich väterlich und erfreut über mein Kommen, mit der Güte eines wahren Bischofs."* Das war eine erste Begegnung, ohne besondere Wärme. Aber Augustinus war begierig, seine Predigt zu hören, weil der Bischof den Ruf eines tüchtigen Redners hatte. *"Voller Eifer hörte ich es mir an, wenn er zum Volk sprach, um seine Redekunst zu prüfen, ob sie mit ihrem Ruf in Einklang stünde oder ob sie voller oder weniger reich ströme, als man es von ihr rühmte. Und so hing ich mit gespannter Aufmerksamkeit an seinen Worten, unbekümmert um den Inhalt, den ich sogar verachtete."*

Es kam zu neuen Begegnungen, diesmal mehr beruflicher Art. Augustinus wollte sich über die Begabung des Ambrosius, dieses Meisters der Beredsamkeit, ein Urteil bilden.

⟶

Früher achtete er nur auf die Schönheit seines Redeflusses, aber nach und nach auch auf den Sinn seiner Worte. *"Während ich mein Herz für seine Beredsamkeit öffnete, drang auch die Wahrheit ein in mein Herz."*

Augustinus ist jetzt auf dem Weg der Bekehrung. Er sucht das Gespräch mit Ambrosius,ist aber etwas scheu, weil er ihn nicht stören wil. *"Eine ganze Schar geschäftiger Leute, denen er zu Diensten war in ihren Anliegen, hinderte mich, mit ihm zu sprechen und ihn anzuhören. Die kurze Zeit, die er nicht mit diesen Leuten verbrachte, benützte er, um seinen Leib mit der nötigen Nahrung oder seinen Geist mit Lesung zu stärken... Oft, wenn ich zugegen war — denn niemandem war der Zutritt verwehrt —, sah ich ihn ins Lesen versunken. Dann saß ich lange schweigend bei ihm und ging schließlich wieder weg... Ich spähte nach einem Augenblick, wo ich ihm meine Verwirrung darlegen könnte ; aber ich fand nie die Gelegenheit dazu."*

Der Einfluß des Ambrosius

Endlich entschloß sich Augustinus, um die Taufe zu bitten. Er schrieb deshalb an Ambrosius. *"In einem Brief teilte ich ihm meine früheren Irrtümer und meinen gegenwärtigen Entschuß mit und bat ihn, mir zu raten, was ich von den heiligen Schriften vor allem lesen müßte, um für den Empfang einer so großen Gnade bereit und tauglich zu werden."*

Augustinus wurde von dem Bischof in der Osternacht vom 24. zum 25. April 387 getauft.

Aber zwischen diesen beiden Männern kam es nie zu einer Freundschaft. Ein Graben lag zwischen ihnen. Ambrosius, der aus der gesellschaftlichen Schicht hoher Staatsbeamter kam, sprach fast wie von gleich zu gleich mit Kaisern und mit dem Papst in Rom. Augustinus kam aus bescheidenen Verhältnissen und besaß nicht die Beweglichkeit und Sicherheit eines Ambrosius.

Trotzdem war der Einfluß der Denkweise des Bischofs von Mailand auf die religiöse Entwichklung Augustinus beträchtlich. Durch seine Predigten und durch die Vermittlung von anderer Seite entdeckte er den Neuplatonismus, eine Philosophie, die ihm den christlichen Glauben verstandesmäßig näherbringen konnte. Von der menschlichen Weisheit war ja nur ein Schritt zur göttlichen Weisheit. Ambrosius hat Augustinus geholfen, diesen Schritt zu tun.

Die Taufe

Ein erster persönlicher Schritt

Im ausgehenden Altertum (4.-5. Jahrhundert) ist das Sakrament der Taufe von einer Art Geheimnis umgeben. Wer getauft werden will, kann nur schrittweise dahin kommen und muß sich sorgfältig darauf vorbereiten.
Als ersten Schritt muß man einen Bischof oder Priester aufsuchen und ihnen den Wunsch vorlegen, die katholische Religion besser kennen zu lernen und Christ zu werden. In einem folgenden Gespräch werden Fragen beantwortet und Glaubensschwierigkeiten behoben. Vor der Aufnahme in die Kirche erkundigt sich der Bischof, ob die Tätigkeit des Bewerbers und sein Lebenswandel die Aufnahme zuläßt. Wenn kein Hindernis vorliegt, wird der Bittsteller Taufbewerber (Katechumene). Man zeichnet das Kreuz auf seine Stirn und streut etwas Salz auf sein Haupt. In manchen Kirchen geschieht das schon bald nach der Geburt. So war es auch bei Augustinus in Afrika geschehen.

Vorbereitungszeit für die neue Lebensgestaltung

Jetzt kann der Taufbewerber am Wortgottesdienst teilnehmen, also an den Lesungen und an der Predigt. Er muß aber zu Beginn des eucharistischen Opfers die Kirche verlassen ; denn dazu haben nur Getaufte Zugang. — Er vertieft sein Wissen über die christliche Lehre bei der Predigt und bei Unterredungen mit einem Priester und in der Gemeinschaft mit den Gläubigen der Gemeinde. Sein Lebenswandel muß Zeugnis geben vom Ernst seiner Bekehrung. Nach dieser zweiten Prüfungsperiode kann er sich in die Liste der "Taufkandidaten" eintragen. Für ihn bedeutet das einen wichtigen Schritt. Die junge Christenheit hatte eine hohe Auffassung vom Sakrament der Taufe und verlangte vom Kandidaten eine gründliche Besserung seines Lebens. Es gab solche, die es damit nicht eilig hatten und die ihren letzten Entschluß zur Taufe auf ihre Sterbestunde verschoben.

Letzte Vorbereitung

Die Taufe wurde gewöhnlich in der Osternacht oder zu Pfingsten oder am Fest der Erscheinung des Herrn (Dreikönig) gespendet. — Am ersten Tag der Fastenzeit begannen die großen "Tauf-Exerzitien", die 40 Tage dauerten. Bei einer ersten Prüfung entschied der Bischof, ob der Taufkandidat würdig sei, sich auf den Empfang des Sakramentes vorzubereiten... Diese 40 Tage waren eine Zeit des Fastens, des Gebets, der Buße und des Unterrichts : auch eine Zeit der Entsagung, die schrittweise dazu führte, den "alten Menschen abzulegen" samt aller Anhänglichkeit an die Welt, um den "neuen Menschen anzuziehen"... Vor dem Palmsonntag versammelte der Bischof die Kandidaten in der Taufkirche und erklärte ihnen die zwölf Glaubensartikel, die mit Hilfe der Eltern auswendig gelernt werden mußten. Der Bischof lehrte sie auch das wichtigste christliche Gebet, das Vaterunser.

Die große Tauffeier

Endlich brach die Osternacht an. In der Taufkapelle empfingen sie zunächst die heilige Salbung für die Taufe. Das Wasser wurde gesegnet, und es erfolgte die Taufe jedes einzelnen. Die Getauften erhielten ein weißes Kleid. Dann spendete ihnen der Bischof das Sakrament der Firmung. Nun zogen sie in Prozession in die Basilika ein un nahmen zum erstenmal an der Feier der heiligen Eucharistie teil.

Wie neugeboren

Nun waren die Kandidaten Neophyten (durch das Sakrament). Acht Tage lang trugen sie das weiße Gewand. Während dieser Woche empfingen sie täglich noch besonderen Unterricht, der ihnen den Sinn der heiligen Riten erklärte, die sie nun erlebt hatten. — Diese Woche sollte ihnen helfen zu einem tiefen Verständnis und zum Einleben in die Geheimnisse, an denen sie teilgenommen hatten. Am Sonntag nach Ostern legten sie das weiße Kleid ab. Von jetzt an waren sie Christen im vollen Sinn.

Sünde - Gnade - Vorherbestimmung

Pelagius

Pelagius aus Irland kam am Ende des 4. Jahrhunderts nach Rom. Er war Laie und führte ein asketisches Leben. Mehrere Anhänger schlossen sich ihm an. Auf der Flucht vor dem Einbruch des Alarich kam er nach Nordafrika und reiste von dort nach Palästina weiter. Einer seiner Schüler, Caelestius, blieb in Afrika zurück und verbreitete dort die Lehren des Pelagius über Freiheit und Gnade. Sie wurden von einem Konzil in Karthago 411 verworfen. Einige Jahre später mußte Augustinus einen langen und schweren Kampf gegen die Pelagianer auf sich nehmen, besonders gegen einen ihrer Anhänger, Julian von Eclanum. Das bot Augustinus die Gelegenheit, seine Gedanken über die Erbsünde, die Gnade und die Vorherbestimmung zu entfalten. In der Heftigkeit der Auseinandersetzungen kam er manchmal zu radikalen Äußerungen, die von der Kirche nicht angenommen worden sind oder die sie nur abgeschwächt übernahm.

Die Kindertaufe

Einer der Streitpunkte zwischen den Pelagianern und Augustinus bezog sich auf die Taufe der kleinen Kinder. Sie war nicht überall Brauch, aber sie war in der ganzen Kirche anerkannt. Pelagius fragte sich : Was soll es nützen, schon die kleinen Kinder zu taufen ? Die Pelagianer wollten nicht anerkennen, daß der Mensch schon bei seiner Geburt geschwächt ist durch die von Adam ererbte Sünde. Sie sagten : Gott hat uns die Freiheit gegeben. Diese können wir auch mißbrauchen zum Ungehorsam gegen Gott. Aber der Mensch ist nicht mit einem ererbten Makel belastet, der ihn dazu führen könnte, Böses statt Gutes zu tun. Mit unserer Vernunft können wir gut und böse unterscheiden und unser Wille ist dazu fähig, das Gute zu tun. Der Mensch allein ist verantwortlich für das Geschick seiner Seele auf dieser Welt. Wenn er es will, kann er sündenlos leben.

Eine solche Auffassung von der menschlichen Natur ist nicht uninteressant ; aber sie leugnet die Notwendigkeit der Gnade und macht die Kindertaufe nutzlos. Pelagius und seine Anhänger waren fraglose Leute von ernsten sittlichen Streben. Mit entschiedenem Willen begabt, führten sie, wie viele Mönche, ein unbescholtenes Leben. Aber konnten sie daraus den Schluß ziehen, daß Vernunft und Wille dem Menschen genügen, um zu Gott zu gelangen ?

Gnade und Freiheit

Was ist Gnade ? Augustinus antwortet : Gnade ist eine *"Gabe Gottes"*, die es dem Menschen möglich macht, die Grenzen seiner geschöpflichen Natur und auch die Schwächung dieser Natur durch die Erbsünde und durch persönliche Sünden zu überwinden. Augustinus stellt gelegentlich die Gnade gleich der *"Liebe Gottes, die in unsere Herzen ausgegossen ist durch den Heiligen Geist"* (Röm 5,5). Diese Liebe erzeugt in uns eine *"überirdische Freude"* am Guten, und diese läßt uns das Gute ersehnen, lieben und vollbringen. Darüber hinaus ist die *"Gnade des Neuen Bundes"* die Annahme an Kindesstatt, die uns zu Söhnen und Töchtern Gottes macht und uns lehrt, als Kinder Gottes zu leben.

So verstanden, ist die Gnade kein Widerspruch zur menschlichen Freiheit, vielmehr stellt sie die Freiheit wieder her und macht sie zu einer *"wirklichen Freiheit"*. Mit Hilfe der

Gnade kann der Mensch dem Anreiz zur Sünde widerstehen und wird zur Freunsdschaft mit Gott befähigt. Diese Auffassung von der Gnade stützt sich auf die Bibel. Die Kirche hat sie bestätigt.

Vorherbestimmung

In dieser Frage legt Augustinus den Römerbrief des heiligen Paulus (kap. 9) allzu wörtlich aus und kommt so zu der Auffassung, daß durch die Sünde Adams alle seine Nachkommen eine *"zur Verdammnis verurteilte Masse"* geworden sind. Ohne ungerecht zu sein, kann demnach Gott manchen Menschen, den *"Vorherbestimmten"*, eine so große Gnade schenken, daß sie mit ihr bis zur ewigen Seligkeit gelangen, und anderen, den *"Nicht-Vorherbestimmten"*, eine geringere Gnade geben, die nicht ausreicht, um sie vor der Verdammnis zu retten. Freilich sagt Augustinus, daß dieser Unterschied und diese Ungleichheit bei der *"Austeilung"* der Gnade auf dem uns verborgenen *"Ratschluß"* der unergründlichen Weisheit Gottes beruhen und deshalb für uns Menschen ein *"Mysterium"* bleiben. — Man muß wohl zugeben, daß Augustinus hier Fragen, die in Wirklichkeit ein Problem der Liebe zwischen Gott und Menschen betreffen, in den Umkreis der Gerechtigkeit und des Rechts gerückt hat. — Die Kirche hat diese Auffassung der augustinischen Lehre nicht übernommen.

Die Manichäer

"Warum tun wir Böses ?" Diese Frage quälte schon den jungen Augustinus. Als er nach Karthago kam, begegnete er den Manichäern. Anscheinend gaben sie ihm eine Antwort, die ihn zufriedenstellte. Neun Jahre lang hing er nun dieser Sekte an.

Das Gute und das Böse

Die Manichäer glaubten, daß es am Anfang der Welt zwei verschiedene und gegensätzliche Prinzipien gab : das Gute (Gott), identisch mit Licht und Geist, und das Böse, das Dunkel und Materie ist. — Die gegenwärtige Welt kommt von einer Mischung von Geist und Materie. Die "Begierlichkeit", d.h. die Person gewordene Materie, gebar den Adam. Obwohl der Mensch eine Mischung von Gut und Böse ist, kann er erkennen, was in ihm göttlichen Ursprungs ist : seine Seele, sein Verstand, sein Geist. — Um gerettet zu werden, muß er dies im Auge haben und sich von allem enthalten, was von der Materie kommt. — Er darf also kein Fleisch essen, nicht töten und keinem Lebewesen etwas zu Leide tun ; dann auch die Welt der Tiere und Pflanzen sei eine gemischte Welt mit sehr vielen "Seelen". Er darf nicht heiraten und keine Kinder zeugen. Er darf nicht Handel treiben und auch nicht Ackerbau...

Nur sehr wenige Menschen vermochten ein so strenges Leben zu führen. — So richteten die Manichäer zwei Gruppen ein : die "Erwählten" oder Vollkommenen, die ganz genau nach den Vorschriften ihrer Religion lebten, und neben ihnen die "Hörer" für die weniger anspruchsvolle Regeln galten. — Augustinus gehörte zu den letzteren.

Jedes Geschöpf ist gut

Die Antwort der Manichäer auf das Problem des Bösen konnte Augustinus nicht zufriedenstellen. Ist die geschaffene Welt schlecht, wie die Anhänger Manis behaupten ? *"Nein"*, sagt Augustinus, *"alles Geschaffene ist gut"*. Ist das Böse eine Substanz, hat es also ein wirkliches Sein ? *"Nein"*, sagt Augustinus, *"solange die Dinge sind, sind sie gut. Das Böse, dessen Ursprung ich suchte, ist keine Substanz ; denn wäre es eine*

Substanz, d.h. hätte es ein selbständiges Sein, dann wäre es gut."

Woher kommt also das Böse ?

Wenn also das Böse nicht in sich selbst besteht, besteht es dann vielleicht im Menschen ? *"Wer hat mich geschaffen ? Ist das nicht mein Gott, der nicht nur gut ist, sondern die Güte selbst ist ? Woher kommt es also, daß ich das Böse will und daß ich das Gute nicht will ?... Woher kommt also das Böse, nachdem der gute Gott alle Dinge gut gemacht hat ?"* — So ist also das Böse im Menschen nicht von Gott geschaffen. — Aber warum gibt es das Böse ? Was ist seine Ursache ? Augustinus antwortet : *"Die Ursache ist die Verderbtheit eines Willens, der sich von Gott abwendet."* Den Ursprung des Bösen muß man nicht anderswo suchen, als in unserem verderbten Willen, der sich abwendet vom höchsten Gut, von Gott. — Die Ursache dieser Verkehrtheit ist, daß wir Sünder sind. *"Wir wurden dem Fürsten des Todes ausgeliefert, weil er unseren Willen dazu gebracht hat, uns dem seinen anzupassen."* Durch die Erbsünde ist unser Wille dem Satan ausgeliefert.

Es gibt einen Ausweg

Wie kann man sich davon befreien ? *"Durch die Gnade, durch unseren Herrn Jesus Christus, an dem der Fürst des Todes nichts Todeswürdiges gefunden hat."* — So kommt die Gnade Gottes unserem Willen zu Hilfe. Sie macht uns fähig, das Gute zu tun und uns Gott zuzuwenden, unserem einzigen Gut.

Worte Augustinus

- Der Mensch, ein Stäubchen nur von Deiner Schöpfung, will Dich loben. Du regst ihn an, daß Dich zu loben ihm zur Wonne wird ; denn Du hast uns auf Dich hin geschaffen, und ruhelos ist unser Herz, bis es ruht in Dir.
- Liebe, und dann tu, was du willst !
- Wenn du deinen Nächsten liebst, verdienst du, Gott zu schauen. Du reinigst damit dein Auge, so daß du Gott sehen kannst.
- Zwei Formen der Liebe haben zwei Städte erbaut : die Selbstliebe bis zur Verachtung Gottes hat die irdische Stadt gegründet. Die Liebe zu Gott bis zur Verachtung unserer selbst hat die Stadt Gottes gebaut.
- Ich frage mich, ob die Furcht vor der Strafe, die über die Menschen verhängt ist, nicht mehr verdirbt als sie erreicht.
- Da der allmächtige Gott unübertrefflich gut ist, würde er niemals zulassen, daß es in seiner Schöpfung etwas Böses gibt, wenn er nicht so mächtig und so gut wäre, um auch aus dem Bösen Gutes zu erzeugen.

Die Aufgabe des Christen in der Welt : "Die Gottesstadt"

Die Einnahme Roms

Im Jahr 410 plünderten die Goten unter Alarich die Stadt Rom. Dieses Ereignis hatte keine unmittelbaren politischen Folgen ; aber es machte tiefen Eindruck auf Heiden und Christen. "Diese Stadt hat die ganze Welt erobert ; nun fiel sie selbst der Eroberung anheim." Rom hatte die Welt erobert durch Kraft und Klugheit, jetzt wurde es unterjocht.

Es gab Heiden, welche die Christen für das Geschehen verantwortlich machten, weil sie sich von den Göttern, den Beschützern Roms, abgewendet hätten. Nun hätten die Götter die Stadt verlassen...

Sehr viele Flüchtlinge kamen nach Hippo. Sie bestürmten Augustinus mit ihren Fragen. So schrieb er in den Jahren 412 bis 425 sein gewaltiges Werk "Die Stadt (oder der Staat) Gottes". Darin zeigte er den Platz des Christen und des Glaubens für den Aufbau des irdischen Staates.

Die zwei Städte (oder Staaten)

Ist Gott verantwortlich für das Morden, das Foltern, die Vergewaltigungen, die über Rom gekommen sind ? Nein, sagt Augustinus, die Stadt Rom mußte nur das erleiden, was sie selbst anderen Städten und Staaten angetan hatte. Aber die Christen sollen dieses Unheil verstehen als Prüfung und Züchtigung, als gerechte Strafe für schwere Verfehlungen. — Welche Verfehlungen ? — Die Menschen haben Gott verleugnet und verachtet.

Für die Heiden ist der irdische Staat der einzige Ort des Glücks. Wenn es den Römern nicht gelungen ist, ihr Ideal zu verwirklichen, so liegt das daran, daß sie nur irdische Wünsche hatten. Sie ließen sich hinreißen zur Herrschsucht, sie suchten nur ihren Ruhm. Aus eigener Kraft wollten sie Frieden schaffen, Gerechtigkeit und Ordnung. Aber diese Güter kann man nur von Gott bekommen. Als Heiden haben sie den Aufbau des Staates zu ihrem höchsten Ziel gemacht. Der Staat ist ihr Gott geworden. So haben sie sich selbst das Urteil gesprochen, denn ihr angestrebtes Ideal kann nur in der Begegnung mit dem Glauben verwirklicht werden.

Was über Rom gekommen ist, darüber sollten die Christen ernstlich nachdenken. Sind sie nur einfach Bürger des irdischen Staates, oder gehören sie denn nicht gleichzeitig zur "Stadt Gottes" ?

Der Christ sieht weiter

Der Christ darf die Welt nicht fliehen, er soll sich nicht vor den Aufgaben des Bürgers drücken. Aber er soll die Grenzen des irdischen Staates nicht aus dem Auge verlieren. Der Sinn des christlichen Lebens kann sich nicht erschöpfen im Dienst eines politischen Ideals und in der Entfaltung menschlicher Werte. Das öffentliche Wohl ist wichtig ; aber es darf nicht ein ausschließliches Vorrecht beanspruchen. Denn das Leben des Menschen spielt sich in Wirklichkeit auf einer anderen Ebene ab, die über alle Geschichte des Menschen hinausweist. Was ist das für eine Ebene ? Der Mensch kommt von Gott und mit Gottes Gnade soll er zu Gott zurückkehren. Das ist der Sinn der Geschichte : daß die Menschen heimkehren zu Gott.

Den irdischen Staat aufbauen zur Verwirklichung der "Stadt Gottes"

Die "Stadt Gottes" oder der "Gottesstaat", dessen Bürger der Christ ist, steht nicht im Gegensatz zum irdischen Staat. Im Gegenteil : der "Gottesstaat" ist der Staat der Menschen, die in der Welt nach dem Gesetz Gottes leben. Aber im Herzen eines jeden sind die zwei Staaten nebeneinander. Gott hat allen Freiheit geschenkt. Welchen Gebrauch machen wir davon ?

Die einen benützen ihre Freiheit, um irdische Güter zu erwerben. Das ist ihr einziges Ziel. Sie sind auf dem Weg zu ihrem Verderben. Die anderen suchen zu irdischen Gütern zu kommen, um damit die "Stadt Gottes" aufzubauen : im Dienst und in der Liebe zum Nächsten. Sie sind auf dem Weg zu ihrem Heil. Die Christen in allen irdischen Staaten sollen in Beobachtung von deren Gesetzen und Einrichtungen alle Bürger zu dem Reich führen, das kein Ende nimmt. Die "Stadt Gottes" ist eingewurzelt in den irdischen Staat.

Augustiner in Deutschland

Rückblick auf 700 Jahre Geschichte

Schon gegen Ende des 13. Jahrhunderts gab es in Deutschland mehr als 80 Augustinerklöster. Infolge der Reformation gingen viele Klöster zugrunde. Im 17. und 18. Jahrhundert blühte der Orden im Süden und Westen des deutschen Reiches nochmals auf, bis Revolution (1789) und Säkularisation (1803) fast alles vernichteten. Lediglich zwei Klöster überlebten. — 1895 konnte eine neue deutsche Augustinerordensprovinz errichtet werden.

Weltbekannte Augustiner deutscher Herkunft sind der große Volksprediger Wiens Abraham a Santa Clara (1644-1709) und der Entdecker der Vererbungsgesetze Gregor Mendel (1822-1884).

Zu den vielverehrten Heiligen des Ordens zählen der Volksseelsorger Nikolaus von Tolentino († 1305), die sozial engagierten Spanier Johannes von Sahagun († 1479) und Thomas von Villanova († 1555), Augustinus Mutter, die hl. Monika († 387), sowie die volkstümlich als 'Nothelferin' verehrte hl. Rita von Cascia († 1457). Starke religiöse Persönlichkeiten aus der neuen deutschen Provinz waren P. Pius Keller († 1904) und P. Klemens Fuhl († 1935).

Lebensform

Wie Augustinus sehen die Augustiner ihr erstes Ziel darin, eine Gemeinschaft in christlicher Bruderliebe zu bilden. Es soll ein religiöses Gemeinschaftsleben sein, das menschliches Format besitzt, echten persönlichen Kontakt miteinander begünstigt und den gegenseiten Austausch apostolischer Erfahrungen, geistlicher Einsichten, auch der täglichen Sorgen, Freuden und Enttäuschungen ermöglicht. Nachdrücklich wird deshalb die 'Bruderschaft' aller Mitglieder betont. Sie läßt keinerlei Privilegien oder Ehrentitel zu und gewährt allen, auch den Nichtpriestern, volles Stimmrecht auf den gesetzgebenden Versammlungen, den sogenannten Kapiteln, und Zugang zu den Ämtern im Orden. Im Sinn der Augustinusregel werden auch die leitenden Posten als brüderlicher Dienst an der Gemeinschaft verstanden.

Der hl. Augustinus suchte — anders als der hl. Benedikt 150 Jahre nach ihm — Mönchtum und Priestertum miteinander zu verbinden. Wie er sind die Augustiner überzeugt, daß sie für das ewige Heil der Mitmenschen Verantwortung tragen. Deshalb gehören bei ihnen gemeinsame religiöse Betätigung und weltzugewandter Dienst untrennbar zusammen. Dem entspricht die Aufgabenstellung : Apostolischer Dienst für die Kirche, wo immer er verlangt wird. Die Augustiner wissen, daß der Herr sie in der Begegnung mit den Menschen immer wieder vor neue Aufgaben stellt und vollen Einsatz fordert. Für sie gilt als Grundregel : Ein Herz und eine Seele auf dem Weg zu Gott zu sein, dem Herrn nachzufolgen und zu tun, was er getan hätte. Auch die Ablegung der drei Gelübde — evangelische Armut, gottgeweihte Ehelosigkeit und Religiöser Gehorsam — soll dazu helfen, ganz frei zu werden für den Dienst an der Kirche.

Augustinerkloster und Studienseminar in Weiden/Opf.

Aufgaben und Verbreitung

Die Augustiner in Deutschland leisten ihren Dienst vor allem auf drei Sektoren :

1. Seelsorge : In mehr als 20 Kloster —, Pfarr — und Wallfahrtskirchen wirken sie als Pfarrer, Kapläne, Beichtväter und Mesner. Sie sind als Religionslehrer, Exerzitienleiter und Volksmissionare tätig. Außerdem betreuen sie ein Missionsgebiet in Zaire (Afrika).
2. Jugendarbeit und Erwachsenenbildung : Sie unterhalten zwei Internate, erteilen Unterricht an Schulen und stellen Mitglieder für die freie Jugendarbeit und die Erwachsenenbildung zu Verfügung.
3. Wissenschaftliche Tätigkeit : Sie unterhalten ein "Augustinus-Institut", das deutsche Übersetzungen der Werke des hl. Augustinus und ein fünfbändiges Augustinus-Lexikon herausgibt. In ihrem "Ostkirchlichen Institut" fordern sie durch Veröffentlichung entsprechender Schriften und einer eigenen Fachzeitschrift das ökumenische Gespräch mit den Kirchen des christlichen Ostens.

Die Nichtpriester sind in ihren erlernten Berufen als Köche, Sakristane, Elektriker, Schneider, Gärtner, Buchhalter, Missionshelfer, Internatserzieher usw. tätig. Jedes Mitglied soll im Rahmen des ganzen möglichst an einem Platz eingezetzt werden, der seinen Fähigkeiten und Neigungen entspricht.

Die deutsche Ordensprovinz zählt gegenwärtig 170 Mitglieder. Sie besitzt Niederlassungen in Berlin, Bielefeld, Dülmen, Duisburg, Fährbrück (bei Würzburg), Fuchsmühl (bei Marktredwitz), Germershausen (bei Göttingen), Maria Eich (bei München), Messelhausen (bei Bad Mergentheim), München, Münnerstadt (bei Bad Kissingen), Regensburg, Walldürn (Odenwald), Weiden und Würzburg.
Dazu kommen noch drei Konvente des Wiener Regionalvikariats des Ordens, nämlich in Günzburg, Stuttgart und Zwiesel (Bayer. Wald). Der Provinzial der deutschen Ordensprovinz wird alle vier Jahre gewählt und hat seinen Sitz in Würzburg,einem Kloster, das schon über 700 Jahre besteht.

Rokokokanzel der Augustinerkirche in Münnerstadt/Ufr.

Die Donatisten

Der Donatismus ist ein Schisma (Kirchenspaltung), das 350 Jahre lang die Kirche in Afrika bedrängte.

Verfolgung und "Verräter"

Im Jahr 303 begann Kaiser Diokletian eine Christenverfolgung, die 10 Jahre lang dauerte. Durch ein Edikt verordnete er, die Bischöfe hätten die heiligen Bücher an die Beamten auszuliefern, die mit der Durchsuchung der Christengemeinden beauftragt wurden. Einige Bischöfe folgten dieser Anordnung, andere leisteten heldenmütigen Widerstand und erlitten den Martertod.

Im Jahr 311 starb der Bischof von Karthago. Man schritt zur Wahl seines Nachfolgers Caecilian, obwohl die Bischöfe von Numidien (westlich von Karthago) nicht anwesend waren. Diese erklärten die Weihe des Caecilian für ungültig, mit der Begründung: unter jenen, welche diese Bischofsweihe vornahmen, sei auch Felix von Aptonge gewesen, den sie als "Verräter" anklagten. So wurden jene bezeichnet, die in der Verfolgung durch Diokletian die heiligen Bücher ausgeliefert hatten. In einer neuen Wahl bestimmten sie als Nachfolger Majorin. So gab es nun zwei Bischöfe für die gleiche Stadt.

Im Jahr 313 beschäftigten sich die römischen Behörden mit dieser Angelegenheit und anerkannten Caecilian als den einzigen katholischen Bischof von Karthago. Majorin starb. Er wurde ersetzt durch Donatus, der sein Amt 30 Jahre innehatte. Er organisierte die Spaltung und gab ihr seinen Namen: Donatismus. Seither gab es zwei Kirchen in Afrika.

Der Grund des Problems

Vom 1. bis 26. Juni 411 wurde Karthago eine große Bischofsversammlung abgehalten, an deren öffentlichen Verhandlungen 279 donatistische und 286 katholische Bischöfe teilnahmen Den Vorsitz führte der Vertreter des Kaisers. Augustinus überzeugende Beweisführung brachte den Katholiken den Sieg. Die Kirchen und die Güter der Donatisten wurden der katholichen Kirche übertragen. Der donatistische Klerus wurde des Landes verwiesen. Ihre Gläubigen belegte man mit Buße.

Christus ist es, der tauft

Die Donastisten waren der Auffassung, daß die Sakramente, etwa Taufe und Priesterweihe, nicht gültig gespendet werden könnten von untreu gewordenen Priestern oder von solchen, welche die Kirche nicht als würdig ansieht. Augustinus geht das Problem von einer anderen Seite an. Er macht den Donatisten den Vorwurf, daß sie die Gültigkeit der Sakramente von der Heiligkeit des Spenders, d.h. des Priesters oder Bischofs, abhängig machen. Bei dieser Gelegenheit entwickelt er seine Theologie der Sakramente. Er sagt, daß nur Christus allein der wirkliche Urheber der Sakramente ist. Ihre Heiligkeit liegt in Christus; sie ist unabhängig vom Lebenswandel der Spender. Es gibt nur eine Taufe und eine Priesterweihe, die des Christus. Diese Darlegung Augustinus blieb seither offizielle Lehre der Kirche.

Dem Bischof von Hippo könnte man in dieser Sache nur zum Vorwurf machen, daß er — übrigens erst nach langem Zögern — die Staatsgewalt anrief, um die Donatisten zur Rückkehr auf den rechten Weg zu bewegen. Der Donatismus erlosch erst im 7. Jahrhundert mit dem Einbruch der Araber in Afrika.

Aufnahme und Ausbildung

Voraussetzung für eine Mitgliedschaft im Orden sind neben der entsprechenden Vorbildung (Abitur oder abgeschlossene Lehre): Glauben an Jesus Christus; Hoffnung und Optimismus, daß Gott größer ist als die menschliche Schwäche; kirchliche Gesinnung; Liebe zu Gott und zum Nächsten; Gemeinschaftsfähigkeit und Bereitschaft zur Zusammenarbeit. Der Ablegung der Gelübde (Profeß) geht eine Zeit des Postulats (3 - 6 Monate) und ein einjähriges Noviziat voraus. Die endgültige Bindung erfolgt durch die Ewige Profeß, die für gewöhnlich vier Jahre nach der ersten Profeß stattfindet. Das philosophisch-theologische Studium der späteren Ordenspriester erfolgt in den meisten Fällen an der Würzburger Universität.
"Tage im Kloster" für interessierte junge Männer finden jeweils in der Osterwoche statt, und zwar: Studienkonvent St. Thomas, Dominikanerplatz 2, 8700 Würzburg, und Kloster St. Michael, Klostergasse 10, 8732 Münnerstadt. Auskünfte an Interessenten erteilt der betreffende Gastpater/Veranstalter. Über erste Kontaktaufnahme zum Kennenlernen informiert jedes Kloster (siehe obige Niederlassungen).

Wenn ich meinen Gott liebe

Die Spitze in der Rangordnung des Seienden

Nach Augustinus führen Philosophie und Vernunft dazu, Gott zu entdecken. — Die neuplatonische Philosophie des 4. Jahrhunderts lehrte, daß es eine Rangordnung allen Seins, eine "Ordnung" in der Welt gibt. Beispiel : Steine, Tiere, Menschen. Die ersten sind leblose Geschöpfe, die zweiten haben Leben, die dritten haben Verstand. Ganz oben auf dieser Leiter steht das Sein aus sich selbst. Wer ist das ? Die Philosophen sind nicht imstande, ihm einen Namen zu geben. — Die Christen kennen diesen Namen schon seit Moses. Jahwe hat ihm erklärt : "Ich bin, der ich bin". Das Sein, das die Philosophen auf den obersten Platz der Rangordnung gestellt haben, ist also der Gott der Christen, der Vater Jesu Christi.

Wie kann man Gott entdecken ?

Wir können Gott entdecken, das höchste Gut. "Obwohl der Geist des Menschen durch die Sünde geschädigt ist, kann unsere nach dem Bilde Gottes geschaffene Seele mit Hilfe der Vernunft und des Verstandes sich Gott nähern und ihn erkennen."

Es gibt für den Menschen mehrere Wege, um zu Gott zu gelangen. Ein solcher Weg ist die Schönheit der Welt. "Du freust dich an allem, was ist (Geschöpfe, Welt) ; aber entferne dich nicht von dem, der es gemacht hat. Alles Geschaffene ist schön ; wieviel schöner ist der Schöpfer !" — Auch das, was ganz rein und ganz vollkommen ist im Menschen, kann uns zur Erkenntnis Gottes führen. Aber vor allem in uns selbst können wir ihn finden. Gott ist dreifaltig. Wir sind nach seinem Bild geschaffen. So sind wir auf unsere Weise "dreifaltig" : Wir sind zugleich Körper, Seele und Geist. Wir sind Verstand, Erkenntnis und Liebe. Wir haben Gedächtnis, Vernunft und Willen... Obwohl wir Gott näherkommen können, vermögen wir ihn doch nicht zu begreifen in seiner geheimnisvollen Wirklichkeit.

Mystik

Augustinus ist Gott nähergekommen im Glauben, mit seinem Verstand und seiner Vernunft ; aber auch durch die mystische Erfahrung, d.h. die innige Liebesverbindung seiner Seele mit ihrem Schöpfer. — Hören wir, was er sagt :

"Mein Gott, was liebe ich, wenn ich dich liebe ?

Nicht Leibesschönheit noch irdische Anmut.

Nicht Schimmer des Lichtes, das unser leibliches Auge erquickt.

Nicht süßes Tönen vieler Stimmen, nicht Blumenatem, milde duftenden Balsam, nicht Manna und Honig.

Nicht irdischer Liebe süßes Umfangen.

Nein, nicht solches liebe ich, wenn ich dich liebe, mein Gott.

Und doch, wie ein Licht, eine Stimme, ein Duft, eine Speise, ein Umfangen ist das, was ich liebe, wenn ich dich liebe, du meines inneren Menschen Licht und Klang und Duft und Speise und Umfangen.

Denn in meiner Seele innen leuchtet etwas, was nicht im Raum beschlossen ist,
tönt, was keine Zeit verweht,
duftet, was kein Wind davonträgt,
schmeckt, was kein Kosten schal macht,
und ist Liebes-Einen, das kein Überdruß verleidet.
Das ist es, was ich liebe, wenn ich meinen Gott liebe."

EINE UNBEDEUTENDE STELLUNG ALS PROVINZVERWALTER WÜRDE MIR VÖLLIG GENÜGEN.
KOMMEN SIE WIEDER EINMAL VORBEI, ICH WERDE SCHON ETWAS FÜR SIE TUN KÖNNEN.
ZWEI JAHRE NACH SEINER ANKUNFT IN MAILAND.
ICH GLAUBE IMMER MEHR AN DEN GOTT DER CHRISTEN. ABER WENN ICH NACH DER TAUFE VERLANGE, MÜSSTE ICH MEIN LEBEN TOTAL ÄNDERN, UND DAZU BIN ICH UNFÄHIG.
IN JENEN TAGEN WAREN AUFSEHENERREGENDE BEKEHRUNGEN AN DER TAGESORDNUNG.
UND DIESE BEIDEN KAISERLICHEN BEAMTEN HABEN SICH VON HEUTE AUF MORGEN BEKEHRT?
SIE HABEN ALLES VERLASSEN, UM MÖNCHE ZU WERDEN!
AUCH ICH MUSS MICH ENTSCHEIDEN!
DIE BRIEFE DES APOSTELS PAULUS
IM AUGUST 386
ICH GLAUBE JETZT ZWAR, ABER ICH ZIEHE KEINE KONSEQUENZEN DARAUS
MEIN GOTT, BEACHTE MEINE ALTEN SÜNDEN NICHT MEHR.

DA HÖRT ER AUS DEM NACHBARGARTEN EIN LIED...
NIMM UND LIES! NIMM UND LIES!
PAULUS
"NICHT IN SCHLEMMEREIEN UND TRINKGELAGEN, NICHT IN UNZUCHT UND AUSSCHWEIFUNGEN, NICHT IN STREITSUCHT UND EIFERSUCHTELEIEN..."
"IHR ABER ZIEHT AN DEN HERRN JESUS CHRISTUS"
UND ALS AUGUSTINUS DEM ALYPIUS ERZÄHLT, DASS ER GERADE SEIN LEBEN GEÄNDERT HAT...
AUCH ICH WILL MEIN LEBEN ÄNDERN.

IN DEMSELBEN HERBST IN CASSICIACUM.
DAS EINZIGE WISSEN, DAS FÜR MICH NOCH BEDEUTUNG HAT, IST DIE FRAGE, WER DER MENSCH IST UND WER GOTT IST.
OSTERN DES JAHRES 387, IN DER NACHT VOM 24 ZUM 25. APRIL.
SEI GEREINIGT IM LEBENDIGEN WASSER DER LIEBE.
WACH AUF, DU SCHLÄFER! ERHEB DICH AUS DER REIHE DER TOTEN! UND CHRISTUS WIRD DICH ERLEUCHTEN.

IN OSTIA, KURZ VOR DER RÜCKKEHR NACH AFRIKA.
NICHTS IN DIESEM LEBEN IST MIT DER QUELLE ALLER SCHÖNHEIT VERGLEICHBAR, UND DIESE SCHÖNHEIT WOHNT IN UNS.
DAS DENKEN AN GOTT LÄSST SIE GEMEINSAM DAS HÖCHSTE GLÜCK ERLEBEN.
ABER 15 TAGE SPÄTER:
MUTTER!
VATER, WAS WERDEN WIR IN AFRIKA MACHEN ?
WIR WERDEN ALS DIENER GOTTES IN THAGASTE LEBEN, IN BRÜDERLICHER GEMEINSCHAFT, BEI GEBET UND STUDIUM.

DIE DIENER GOTTES

DOCH PLÖTZLICH STIRBT ADEODAT.

NACH DREI JAHREN DIESES KLÖSTERLICHEN LEBENS.

BEI DIESER GELEGENHEIT VERLANGT MAN AUGUSTINUS ALS PRIESTER, VORBEI IST ES MIT DEM RUHIGEN LEBEN IN THAGASTE. ER STÜRZT SICH SOFORT IN DIE ARBEIT.

AUGUS-TINUS!
AUGUS-TINUS!
WEIL IHR BEHAUPTET, DASS DER MENSCH NICHT FÜR SEINE SÜNDEN VERANTWORTLICH, UND DASS GOTT DEM BÖSEN GEGENÜBER MACHTLOS SEI
FORTUNATUS!
FORTUNATUS!
AUGUSTINUS!
ZWEI TAGE SPÄTER...
ES IST BESSER, ICH GEHE. AUGUSTINUS IST ZU STARK, ER MACHT MICH LÄCHERLICH.
IM GESPRÄCH MIT VALERIUS...
ICH BIN DAMIT EINVERSTANDEN, DASS SIE AUF UNSEREM NÄCHSTEN KONZIL PREDIGEN.
GOTT HAT ALLES GESCHAFFEN, ALLES WAS ER GEMACHT HAT, IST GUT. DAS BÖSE IST EINE UNVOLLKOMMENHEIT UNSERER NATUR, EIN MANGEL AM SEIN. GOTT ALLEIN IST.
AURELIUS, DER VORSITZENDE DER AFRIKANISCHEN KIRCHE.
DIE AFRIKANISCHE KIRCHE BRAUCHT DICH, AUGUSTINUS. DU KANNST MIT MEINER UNTERSTÜTZUNG RECHNEN.

** DAS SIND GRUPPEN VON ARBEITERN UND SKLAVEN, DIE VON DEN DONATISTEN FÜR IHRE ANGRIFFE BENUTZT WURDEN.

* DIE DONATISTEN HATTEN SICH VON DER OFFIZIELLEN KIRCHE ABGESPALTEN. SIE WEINGERTEN SICH, DIE GÜLTIGKEIT DER SAKRAMENTE ANZUERKEN

IM GESPRÄCH MIT DEM DONATISTISCHEN BISCHOF FORTUNIUS.

DANN ERKLÄRT ER, DASS DIE DONATISTEN HÄRETIKER SIND
TOD DEN DONATISTEN!
IN KARTHAGO
DIE DONATISTEN BEKEHREN SICH MASSENWEISE, WEIL SIE ANGST HABEN.
MAN MUSS SIE NOCH STÄRKER UNTER DRUCK SETZEN.
ICH LIEBE DEN ZWANG NICHT SEHR, AUSSER WENN MAN NICHTS ANDERES UNTERNEHMEN KANN. MAN SOLLTE DIE DONATISTEN VIELMEHR DAVON ÜBERZEUGEN, DASS SIE UNRECHT HABEN
DOCH BEVOR ES ZU DIESER AUSEINANDERSETZUNG KOMMT, BERUFT DER KAISER EINE VERSAMMLUNG EIN.
ICH WILL DIESE ANGELEGENHEIT ENDGÜLTIG UND IN ALLER OBJEKTIVITÄT REGELN. ICH HÖRE ALSO, WAS IHR ZU SAGEN HABT.
DIE DONATISTEN BEHAUPTEN, DASS DIE SAKRAMENTE UNGÜLTIG SIND, DIE VON DEN NACHFOLGERN JENER BISCHÖFE GESPENDET WERDEN, DIE, WIE MAN SAGT, IN DER VERFOLGUNG SCHWACH WURDEN
ABER ES IST NICHT DIE HEILIGKEIT DES DIENERS, DIE DIE SAKRAMENTE GÜLTIG MACHT. DAS IST ALLEIN CHRISTUS. WENN PETRUS TAUFT, WENN JOHANNES TAUFT, WENN JUDAS TAUFT, SO IST ES IMMER CHRISTUS, DER TAUFT.

UND MARCELLINUS FÄLLT SEIN URTEIL.
AUF DASS DIE FALSCHHEIT DAS HAUPT BEUGT VOR DER ERWIESENEN WAHRHEIT.
ALLE WERDEN MIT GELDSTRAFEN BELEGT, DIE GEHEIME VERSAMMLUNGEN ABHALTEN.
WIEDER DAHEIM IN HIPPO.
HABEN WIR RECHT DARAN GETAN, DIE UNTERSTÜTZUNG DER STAATLICHEN MACHT ZU SUCHEN?
IN DEMSELBEN JAHRE 411.
WIR KOMMEN VON ROM. WAS WIR GESEHEN HABEN, IST UNGLAUBLICH UND SCHRECKLICH.

AM 24. AUGUST 410.
ROM, DIE EWIGE STADT, DER GLANZ DER WELT, IST VON DEN WESTGOTEN GEPLÜNDERT WORDEN.
VON DEN BARBAREN DES ALARICH.
BEGREIFEN WIR, WAS DAS BEDEUTET? DIE STADT, DIE DEN ERDKREIS BESIEGT HATTE, IST NUN IHRERSEITS BESIEGT.
DIE FLÜCHTLINGE ERZÄHLEN IN HIPPO...
DAS IST DAS ENDE DER WELT!

DIE RÖMISCHEN FLÜCHTLINGE BRINGEN EINE NEUE LEHRE MIT.
UND IHR BEHAUPTET, SCHÜLER DIESES PELAGIUS ZU SEIN?
WIE ER GLAUBEN AUCH WIR, DASS DER MENSCH FREI IST, UND DASS ER DAS GUTE TUN KANN, WENN ER ES TUN WILL.
DIE PELAGIANER SIND OPTIMISTEN! SIE BEHAUPTEN, DASS DER WILLE ALLEIN AUSREICHT, UM DIE VOLLKOMMENHEIT ZU ERREICHEN UND GERETTET ZU SEIN!
ABER DER MENSCH KOMMT ALS SÜNDER ZUR WELT. OHNE DIE GNADE GOTTES VERMAG ER NICHTS. SAGT AUGUSTINUS.
DIE PELAGIANER BEHAUPTEN AUßERDEM, DAß DIE TAUFE DER KINDER NICHT NÖTIG SEI.
ES IST DER HEILIGE GEIST, DER UNS FÄHIG MACHT, DAS GUTE ZU LIEBEN, UND DER UNS FÄHIG MACHT, ES AUCH ZU TUN.
ABER WENN ES GOTT ALLEIN IST, DER UNS RETTET; WENN ER UNS ZUM HEIL VORAUSBESTIMMT, DANN IST JA ALLE ANSTRENGUNG SINNLOS.

IM JAHRE 417 WURDE DER PELAGIANISMUS VERURTEILT. DER RUF AUGUSTINUS IST UNGEHEUER GEWACHSEN. ABER ER MUSS NOCH GEGEN EINE WEITERE IRRLEHRE KÄMPFEN, GEGEN DEN ARIANISMUS.

IM GESPRÄCH MIT POSSIDIUS, SEINEM ERSTEN BIOGRAPHEN.

AUGUSTINUS HAT BESCHLOSSEN, DASS DER PRIESTER HERACLIUS SEIN NACHFOLGER WERDEN SOLL.

IN JAHRE 430 ÜBERSCHWEMMEN DIE VANDALEN AFRIKA.

AUGUSTINUS STIRBT AM 28. AUGUST 430. EIN JAHR SPÄTER EROBERN DIE VANDALEN DIE STADT.

Augustins Einfluß durch alle Jahrhunderte war bedeutend

"Unser Herz ist unruhig, bis es Ruhe findet in Dir!"